Kochen rund um die Welt

INDIEN

BEVERLY LEBLANC

Kochen rund um die Welt
INDIEN

Entwurf und Realisation: The Bridgewater Book Company Ltd.
Projektleiter: Emily Casey Bailey
Design: Michael Whitehead
Fotos: David Jordan
Rezepte: Jacqui Bellefontaine
Redaktion: Kay Halsey
Zusätzliche Fotos: Max Alexander (11, 15, 22, 78, 80, 96, 124, 144, 151, 196, 206, 208, 228), Adrian Bailey (100, 109, 141, 156, 203, 212, 214, 232), Jonathan Bailey (48, 52, 59, 68, 103, 239, 240, 249, 250), Caroline Jones (2, 12, 17, 18, 20, 25, 35, 36, 56, 169, 171, 172, 189, 198, 224, 231)

Parragon
Queen Street House
4 Queen Street
Bath BA1 1HE, UK

Übersetzung aus dem Englischen: Inga-Brita Thiele, Köln
Lektorat und Projektmanagement: Nazire Ergün, Köln
Koordination: trans texas GmbH, Köln

ISBN 1-40543-540-2
Printed in China

HINWEISE

- Sofern die Schale von Zitrusfrüchten benötigt wird, verwenden Sie unbedingt unbehandelte Früchte.
- Sind Zutaten in Löffeln angegeben, ist immer ein gestrichener Löffel gemeint: Ein Teelöffel entspricht 5 ml, ein Esslöffel 15 ml.
- Sofern nicht anders angegeben ist, wird Vollmilch (3,5 % Fett) verwendet.
- Pfeffer sollte stets frisch gemahlener schwarzer Pfeffer sein.
- Bei Eiern und einzelnen Gemüsesorten, z. B. Kartoffeln, verwenden Sie mittelgroße Exemplare. Kinder, ältere Menschen, Schwangere, Kranke und Rekonvaleszenten sollten auf Gerichte mit rohen oder nur leicht gegarten Eiern verzichten.
- Die angegebenen Zeiten können von den tatsächlichen leicht abweichen, da je nach verwendeter Zubereitungsmethode und vorhandenem Herdtyp Schwankungen auftreten.

Inhalt

EINFÜHRUNG

Die indische Küche ist so vielseitig wie das Land selbst. Ihren Reichtum verdankt sie der Größe des Landes, seiner riesigen Bevölkerung, seiner Geschichte als Handelsnation, die immer wieder von verschiedenen Machthabern beherrscht wurde, und der großen Zahl der hier beheimateten Religionen. Indiens kulinarische Traditionen eröffnen eine so überwältigende Geschmacksvielfalt wie keine andere Küche der Welt.

Der rund 3,3 Millionen Quadratkilometer große indische Subkontinent erstreckt sich über 3000 Kilometer von den schneebedeckten Gipfeln des Himalajas bis zu den tropischen Ebenen von Tamil Nadu im Süden, begrenzt von den palmengesäumten Malabar- und Koromandelküsten. In den fruchtbaren, vom Ganges und Indus bewässerten Nordregionen baut man Weizen und anderes Getreide, in den südlichen Küstengebieten vor allem Reis an, beides Grundnahrungsmittel für die mehr als eine Milliarde Menschen im Land.

Beliebte Zutaten der indischen Küche sind auch die Fische, Schalen- und Krustentiere der über 6000 Kilometer langen Küsten des Arabischen Meers und des Golfs von Bengalen sowie der vielen Seen und Flüsse. Obst und Gemüse werden im ganzen Land kultiviert, ebenso Hülsenfrüchte – eine wichtige Eiweißquelle für Millionen Vegetarier. Gewürzplantagen im Süden steuern die unverwechselbaren Aromen der Landesküche bei.

Um die Vielschichtigkeit der indischen Küche richtig würdigen zu können, muss man den Einfluss der Religionen mit ihren verschiedenen Essensvorschriften berücksichtigen. Religion beeinflusst alle Aspekte des Alltags, nicht zuletzt das Essen und die Essgewohnheiten.

Die überwiegende Mehrheit der Inder sind Hindus; weitere wichtige Religionen sind der Islam, der Buddhismus, der Judaismus, das Christentum und der Zoroastrismus, der Glaube der Parsen. Manche Hindus und Sikhs sind Vegetarier, andere essen Fleisch, aber kein Rind, doch der Verzehr von Milchprodukten aus Kuh- und Büffelmilch ist ihnen erlaubt. Die muslimischen Essensregeln verbieten Schwein, die der koscheren jüdischen Küche Schwein sowie Schalen- und Krebstiere. Christen und Parsen essen Fleisch, Geflügel, Fisch, Meeresfrüchte und Gemüse. Buddhisten und Dschainas sind strikte Vegetarier. Dschainas verzichten zudem auf Wurzelgemüse, Knoblauch und Zwiebeln. Nimmt man dazu die vielen Millionen Inder, für die Fleisch unerschwinglich ist, versteht man die enorme Vielfalt der indischen Küche mit ihrer unvergleichlichen Auswahl vegetarischer Gerichte.

Religion und Kulinarisches gehen auch bei vielen religiösen Festen eine enge Verbindung ein. Beim hinduistischen Lichterfest Diwali zu Ehren von Lakschmi, der Göttin des Reichtums, besucht man Familie und Freunde, dabei werden süße Leckereien verzehrt. Im muslimischen Fastenmonat Ramadan wird von Sonnenauf- bis -untergang gefastet; erst nach Einbruch der Dunkelheit gönnt man sich ein üppiges Mahl. Bei den Christen gibt es zu Weihnachten Spanferkel und Marzipan. Parsen servieren dagegen bei Hochzeiten und religiösen Festen oft Fischfilet in Tomatensauce.

Langsam dahingleitende Boote auf den berühmten Backwaters im südlichstem Bundesstaat Kerala

Viele Hindus opfern auf Hausaltären vor den Bildnissen verschiedener Hindugottheiten kleine Speisen, im Süden oft Reis oder Kokosnuss, im Norden süße Milchküchlein. Wenn das Essen gesegnet ist, wird eine kleine Menge der Opfergabe in der Hoffnung verzehrt, dass die Gebete nun erhört werden.

Die kulinarische Geschichte Indiens wurde auch durch viele äußere Einflüsse geprägt. Nach mehreren Anläufen gelang es den muslimischen Mogulen im 16. Jahrhundert, Nordindien von Persien aus zu erobern; die von ihnen begründete Dynastie beherrschte fast 200 Jahre das Land. Zum äußerst kultivierten Lebensstil der Mogulen gehörte neben Musik, eleganten Gärten, prachtvoller Architektur und erlesener Textilkunst auch eine sehr raffinierte Küche. Schriftliche Überlieferungen berichten von üppigen Festmahlen, großzügiger Gastfreundschaft und ausschweifender Extravaganz. Ihre kulinarische Tradition, zu der frische und getrocknete Früchte, Nüsse, Fleisch, exotische Gewürze, wie Safran und Kardamom, und cremige Saucen gehörten, ist bis heute in den weltweit beliebten Biryanis, Pilaws, Pasandas und Kormas lebendig geblieben.

Lange vor dem Niedergang des Mogul-Reiches im 18. Jahrhundert begann die Kolonialisierung durch die Europäer, die Indiens kulinarischer Geschichte ein weiteres Kapitel hinzufügten. Als Erste eroberten die Portugiesen Goa an der Westküste, um den lukrativen indischen Gewürzhandel unter ihre Kontrolle zu bringen. Damit kam nicht nur das Christentum auf den Subkontinent, sondern die Portugiesen führten auch die Chili ein, das heute vielleicht meistverwendete Gewürz der indischen Küche.

Auch die Holländer und die Franzosen gründeten Handelsniederlassungen, vorherrschende Fremdmacht wurde jedoch die englische Ostindische Kompanie, aus der später das britische Kolonialreich in Indien hervorging. Sein kulinarisches Vermächtnis ist die vor allem rund um Kolkata (Kalkutta) angesiedelte anglo-indische Küche. Natürlich hat die enge Verbindung mit Großbritannien auch zur internationalen Bekanntheit der indischen Kochkunst beigetragen.

Diese prachtvollen hölzernen Marionetten sind eine traditionelle Kunstform Westindiens.

Die kulinarische Geschichte Indiens wurde auch durch viele äußere Einflüsse geprägt.

Indische Küche im Ausland

Die indische Küche ist heute in aller Welt beliebt, ganz besonders aber in Großbritannien. Zu Beginn des 21. Jahrhunderts ist Hähnchen-Tikka-Masala (s. S. 161) nach Umfragen das Leibgericht der Briten, wobei jedoch ungewiss bleibt, ob es sich wirklich um ein original indisches Gericht handelt.

Das Verdienst, die indische Küche im Ausland verbreitet zu haben, schreibt man Köchen aus dem Punjab und Bangladesch zu, die 1947 nach der Teilung Indiens auswanderten und im Ausland zahlreiche Restaurants eröffneten. Besonders erfolgreich waren dabei Tandoori-Rezepte aus dem Punjab und üppige Fleisch- und Reisgerichte in der Mogul-Tradition, die somit das Bild der indischen Küche im Ausland am stärksten geprägt haben. Doch so köstlich diese Klassiker auch sein mögen, die indische Küche hat noch viel mehr zu bieten.

In einer Liste authentisch indischer Rezepte würde ein Wort sicher nicht auftauchen: Curry. Dies ist nämlich nur eine Anglisierung des tamilischen Worts „Kari", das zweierlei bezeichnet: die Blätter der Kari-Pflanze und die südindische Technik, Gemüse mit einer Gewürzmischung namens *Kari Podi* anzubraten. Bis zum Ende der britischen Kolonialherrschaft hatte sich die Bedeutung von Curry auf alle würzigen Schmorgerichte ausgeweitet, die mit Reis und Chapatis ser-

In einer Liste authentisch indischer Rezepte würde ein Wort sicher nicht auftauchen: Curry.

viert werden, und heute gilt es im Westen oft als Universalbegriff für die gesamte indische Küche. Welch ein Irrtum!

Indischen Köchen ist Currypulver ein Gräuel. Vielmehr werden unterschiedliche Gewürzkombinationen zu Masala-Mischungen für bestimmte Gerichte vermahlen. Inzwischen verkaufen allerdings auch indische Geschäfte fertig abgepackte Masala-Mischungen, nie aber ein universelles Currypulver.

Kulinarische Rundreise

Um die ganze Vielfalt der indischen Kochkunst würdigen zu können, müsste man das gesamte Land kreuz und quer bereisen und am besten nur in Privathäusern speisen. Zwar kann man als Tourist in Indien auch gut essen, doch Hotelbuffets sind meist auf westlichen Geschmack zugeschnitten und unterscheiden sich oft nicht wesentlich von dem, was man auch in einschlägigen Restaurants im eigenen Land bekommt.

Nordindien

Rogan Josh (s. S. 129), Lamm-Pasanda (s. S. 130), Tandoori-Huhn (s. S. 156), Naan (s. S. 235) und andere wohl bekannte Klassiker der indischen Restaurants stammen aus Nordindien, das sich somit als Ausgangspunkt einer kulinarischen Rundreise anbietet. Nordindien erstreckt sich von Rajasthan über Haryana und Punjab bis zum umstrittenen Jammu und Kaschmir an der pakistanischen Grenze entlang und dann über Himachal Pradesh, Uttar Pradesh und Bihar ostwärts bis zum abgelegenen Bundesstaat Arunachal Pradesh, der an China angrenzt. Die Region umfasst schroffe Gebirge, mächtige Flüsse und karge Wüsten.

Hier werden Basmati- und Patnareis ebenso wie Assam- und Darjeeling-Tee zum Export in alle Welt angebaut. Der Punjab gilt als „Brotkorb" Indiens, weil seine Weizenernte das ganze Land versorgt. Nirgendwo sonst in Indien ist Fleisch so beliebt wie in dieser sehr heterogenen Region. Der Punjab ist die Heimat der Sikhs, und die meisten von ihnen essen jedes Fleisch außer Rind. Die Rajputen in Rajasthan meiden Rind ebenfalls, doch dank der langen Jagdtradition ist

neben anderem Fleisch auch Wild Teil ihres kulinarischen Speiseplans. Auf den grasbedeckten Ausläufern des Himalajas im Kaschmir wird ausgezeichnetes Lamm gezüchtet, das heute in vielen lokalen Rezepten das Ziegenfleisch ersetzt.

Der Punjab ist Heimat der Tandoori-Küche. Die urnenförmigen, mit Holz oder Holzkohle befeuerten Lehmöfen werden heute noch von Hand geformt und in der Sonne getrocknet, wie schon vor 500 Jahren, als die Mogulen sie ins Land brachten. Die extrem hohe Temperatur am Boden des Ofens heizt seine Wände stark auf, sodass die Speisen rasch garen und innen saftig bleiben. Die oben geöffneten Tandoor-Öfen gibt es von 30 cm Höhe bis zu mehr als mannshoch. In diesen Öfen bereitet man fast überall im Punjab und in

Ein Elefant stapft durch eine wartende Menschenmenge vor einem Hindu-Tempel.

Einen Großteil ihres typischen Wohlgeschmacks verdankt die nordindische Küche dem raffinierten Einsatz von Garam masala.

anderen Teilen Nordindiens marinierte und gewürzte Ziegen-, Lamm- und Hühner-Kebabs, die mit einem der unzähligen Daals – Hülsenfruchtgerichte – und Brot serviert werden.

Reis reicht man in Nordindien seltener als Beilage, außer im Kaschmir, wo er oft das Brot ersetzt. In den übrigen Regionen gibt es zu jeder Mahlzeit Brot, ob Chapati oder Paratha oder mit Treibmittel zubereitetes Naan, das zum Backen an die Innenwand des Tandoor gedrückt wird. Roti, das einfachste Fladenbrot, wird tagtäglich von Millionen verzehrt und in den kommunalen Speisesälen der Sikh-Tempel serviert.

Milchprodukte machen die nordindische Küche sehr üppig. Ghee, indisches Butterschmalz, ist das bevorzugte Bratfett, und Joghurt wird für alles Mögliche, von kühlen, erfrischenden Lassi-Getränken bis zu Marinaden für Tandoori-Gerichte, verwendet. Paneer, ein fester Frischkäse, ist Haupt-Eiweißlieferant für viele Vegetarier. Die Butter heißt *Makhani*, von diesem Wort leiten sich Speisenamen wie *Murgh Makhani* ab, das in Restaurants und als Party-Essen beliebte Butter-Hähnchen (s. S. 158).

Gemüse, wie z. B. Spinat und Senfblätter, wird gedünstet und mit Hülsenfrüchten kombiniert oder mit Paneer oder Butter angereichert, so etwa die nordindische Spezialität Spinat mit Paneer (s. S. 99). Einen Großteil ihres typischen Wohlgeschmacks verdankt die nordindische Küche dem raffinierten Einsatz von Garam masala, einer im Süden praktisch unbekannten Gewürzmischung, die im Ruf steht, den Körper von innen zu wärmen.

Zentralindien

Weiter südlich bietet Zentralindien – mit Gujarat und Maharashtra an der Westküste sowie Andhra Pradesh, Orissa und Westbengalen an der Ostküste – viel Reizvolles für kulinarisch Interessierte. Die Küche ist abwechslungsreich, doch gebratene Meeresfrüchte sind an beiden Küsten besonders beliebt, und der Reis löst hier den Weizen als Grundnahrungsmittel ab.

Die Küche von Gujarat ist vor allem für ihre hervorragenden vegetarischen Gerichte und den fantasievollen Einsatz von Daals berühmt. Jede Art von Hülsenfrucht wird hier verwendet, auch die schwarze Kichererbse (Kala Chana), die außerhalb Indiens kaum bekannt ist. Aus getrockneten weißen Kichererbsen mahlt man feines, cremefarbenes Besanmehl mit charakteristischem Eigengeschmack. Aus diesem Mehl bereitet man z. B. den Ausbackteig für die beliebten Kartoffel-Pakoras zu, aber auch die leckeren Khandvi-Teigröllchen (s. S. 47), die mit in Öl gerösteten Gewürzen und Samen übergossen werden. Letztere sind bei den Dschainas sehr beliebt, weil sie weder Zwiebeln noch Knoblauch enthalten.

Ein köstliches Dessert aus der Region, das bei religiösen Festen und Hochzeitsfeiern im ganzen Land auf den Tisch kommt, ist die mit Kardamom und Safran aromatisierte Shrikhand-Creme (s. S. 207).

Mumbai (Bombay), die Hauptstadt von Maharashtra, hat eine lange Geschichte als Handelshafen, und seine Speisen sind dank der vielen ausländischen Einflüsse besonders würzig und vielseitig. Seine zahlreichen Hotels beherbergen einen stetigen Strom ausländischer Besucher, die hier Gerichte aus allen Teilen Indiens

Rechts *Obst und Gemüse auf indischen Märkten sind immer lokal angebaute Saisonprodukte.*

Folgende Doppelseite *Das Gadi-Sagar-Reservoir versorgt die Wüstenstadt Jaisalmer in Rajasthan mit Wasser.*

JUMPIN

Typische Zutaten der Küche von Maharashtra sind Erdnüsse und Cashewkerne.

ebenso wie chinesische und europäische Kost genießen können. Neben den traditionellen Gerichten bekommt man hier auch die modernen Kreationen junger Köche zu kosten, die der indischen Küche einen leichteren Touch verleihen wollen.

Chowpatty Beach in Mumbai ist der beste Ort, um eine große Auswahl der von Straßenhändlern angebotenen indischen Snacks oder *Chaat* zu probieren. Zwar werden auch in Mumbai und anderen Großstädten immer mehr westliche Fast-Food-Restaurants mit rindfleischfreien Menüs eröffnet, doch die schöne Tradition der täglichen Auslieferung daheim gekochter Mittagessen an die Büroangestellten scheint durch die kommerziell produzierten Sandwichs oder Chicken-Burger noch nicht gefährdet. An jedem Werktag werden in Vororten und Dörfern rund um Mumbai übereinander gestapelte Behälter, so genannte *Dabbas*, mit frisch zubereiteten Mahlzeiten gefüllt und mit einem Zug am späten Vormittag in die Stadt geschickt. Tausende identisch aussehender *Dabbas* treffen am Zentralbahnhof ein, wo Teams von *Dabba Wallas* sie entgegennehmen und auf wundersame Weise auf die richtigen Schreibtische in den Büros überall in der Innenstadt befördern. Diese organisatorische Meisterleistung wiederholt sich nach der Mittagspause, wenn die leeren *Dabbas* in die richtigen Häuser zurückgeliefert werden. Wer würde schon ein würziges Daal-Gericht, ein Gemüsegericht, Reis, frische Chapatis, mehrere Chutneys und ein Raita gegen einen Chicken-Burger aus Massenproduktion eintauschen wollen?

Haupteinkommensquelle der Bevölkerung von Maharashtra ist die Landwirtschaft, und über ein Jahrhundert war Mumbais lärmender, bunter Crawford Market, der heute Jyotiba Phule heißt, wichtigster Großhandelsmarkt der Stadt für Obst und Gemüse. Erzeugnisse aus ganz Indien passierten das Gebäude im Stil der französischen Neugotik, bis der Markt vor kurzem umgesiedelt wurde, um das Stadtzentrum vom Verkehr zu entlasten. Die laufende Belieferung mit Frischfisch und Meeresfrüchten stellen die Koli-Hochseefischer mit ihren bunten Booten sicher; auch die beliebten Brachsenmakrelen (Pomfrets) werden vor den Küsten von Mumbai gefischt. Typische Zutaten der Küche von Maharashtra, die auf indischen Speisekarten als Marathani bezeichnet werden, sind Erdnüsse und Cashewkerne, wie z. B. bei den Marathani-Lammhaxen auf Seite 142.

Mumbai, Standort der „Türme des Schweigens", ist auch Heimat der größten indischen Parsengemeinde, die für ihre herrlich würzige Küche bekannt ist. Ein traditionelles parsisches Gericht, das oft mit eiskaltem Bier serviert wird, ist z. B. das Lamm-Dhansak auf Seite 138. Dazu reicht man Naturreis oder weißen Basmatireis. Rührei mit gehackten grünen Chillies und frischem Koriander ist ein weiteres typisches Rezept der Parsen und zum Frühstück ein besserer Muntermacher als jeder Morgenkaffee.

Wer ostwärts reist, gelangt nach Westbengalen, wo der Ganges und die Flüsse des Himalajas in den Golf von Bengalen münden. Hier regiert der Fisch: Für viele Bengalen ist ein Gericht ohne Fisch keine richtige Mahlzeit. Die beliebteste Art ist *Hilsa* oder *Elish*, ein Heringsfisch. Dieser als „Liebling der Wasser" bezeichnete, silbergrau schimmernde Fisch hat einen ähnlichen Lebenszyklus wie der Lachs: Er beginnt seinen Lebensweg im Meer, laicht in den Flussmündungen am Golf von Bengalen und macht sich dann nach dem Monsun auf die lange Reise flussaufwärts nach Norden,

Von den rund fünf Millionen heiliger Männer in Indien tragen viele ihr Haar zu Ehren des Gottes Shiva lang.

Ein Arbeitskamel auf einer geschäftigen Straße in Jaipur, Rajasthan

auf der er von bengalischen Fischern bei Nacht gefangen wird.

Das einzige Problem an dieser Delikatesse, die man wie Hering oder Lachs zubereiten kann, ist ihr ungeheurer Grätenreichtum: *Hilsa* kann man praktisch nur mit den Fingern essen.

Die jährlichen Monsunregen sind in Bengalen am heftigsten und schaffen damit ideale Bedingungen für die Bauern. In guten Jahren gedeihen hier Tropenfrüchte wie Bananen, Kokosnüsse, Ananas und Pomelos aufs Prächtigste. Der fruchtbare Boden bringt auch Tee, Kaffee, Mais, Tapioka, Kakao und eine Fülle von Gewürzen hervor. Die von den Briten eingeführte Kartoffel spielt in vielen anglo-indischen Rezepten eine wichtige Rolle; auch Kürbisse sind sehr beliebt. Und natürlich findet sich die überall an der Küste kultivierte Kokosnuss in vielen Gerichten wieder, nicht nur in den Süßspeisen, für die Kolkata so berühmt ist.

Im bengalischen Klima gedeiht auch Zuckerrohr, dessen Süße so manches pikante Gericht bereichert. Das Rezept für Süß-saure Linsen auf Seite 114 ist ein gutes Beispiel für diese faszinierende Verschmelzung von süß und herzhaft.

Wie in Mumbai bieten auch in Kolkata die Karren der Straßenhändler eine riesige Auswahl von *Chaat* und anderen kleinen Gerichten. Außerdem hat die

Stadt auch eine „Teehaustradition": Intellektuelle und Akademiker diskutieren hier gern bei einer Tasse Masala-Tee (s. S. 214) mit allerlei Naschwerk.

Bengalische Fisch-, Daal- und Gemüsegerichte erhalten ihr typisches Aroma durch das Garen mit Senföl und das Würzen mit Panch Phoron, dem Masala der Region: Dabei werden gleiche Anteile von gerösteten Senf-, Kreuzkümmel-, Fenchel-, Bockshornklee- und Schwarzkümmelsamen verwendet.

Hyderabad im Zentrum von Andhra Pradesh, das eine lange Geschichte als Stadt der Gelehrsamkeit hat, ist für seine aufwändigen, mit Safran gewürzten Fleisch- und Reis-Biryanis bekannt, die einst die Tafel der herrschenden Nizams zierten. Die Stadt ist ein Muss für jeden, der eine kulinarische Rundreise durch Indien unternimmt. Das Lamm-Biryani auf Seite 126 ist, obwohl etwas vereinfacht und dem modernen Geschmack angepasst, eine regionaltypische raffinierte und aromatische Kombination von Basmatireis, Gewürzen – Garam masala, Zimt, Kreuzkümmel, Chili und Kurkuma – und zartestem Lamm. An der Küste von Andhra Pradesh serviert man u. a. pikant gewürzten Fisch und Garnelen, die in Sesam- und Kokosöl gegart werden, sowie Gemüse, wie z. B. Okras, mit frischen Kräutern und Gewürzen.

Südindien

Gewürze und Meeresfrüchte gehören zu den kulinarischen Attraktionen der sonnigen, palmengesäumten Regionen von Kerala, Karnataka und Tamil Nadu, die Indiens leichteste, jedoch pikant gewürzte Kost bieten.

Der Gewürzanbau ist in Südindien seit langem ein bedeutender Wirtschaftszweig; vor allem Pfefferkörner galten einst als „schwarzes Gold". Kochi (Cochin) ist das Zentrum des indischen Gewürzhandels, und der Duft von Kardamom, Koriander, Kreuzkümmel, Zimt und Vanille weht aus seinen Lagerhäusern durch die gewundenen Gässchen der Altstadt mit ihren altehrwürdigen Läden. Wer nach Südindien kommt, sollte

Gewürze und Meeresfrüchte gehören zu den kulinarischen Genüssen Südindiens.

unbedingt eine Gewürzplantage besuchen, um seine Lieblingsgewürze an der Pflanze wachsen zu sehen und erntefrisch zu kosten.

Blassgrüne Kardamomfrüchte, rote und grüne Chillies, Curryblätter, Senfsamen und goldgelbes Kurkuma machen die südindische Kost nicht nur zum Gaumen-, sondern auch zum Augenschmaus. Viele traditionelle Gerichte haben auch das typische, herbsäuerliche Aroma der Tamarindenpaste.

Hier erstrecken sich Kokosplantagen, so weit das Auge reicht, und da Kokospalmen in diesem tropischen Klima auch im Hausgarten gut gedeihen, ist die Kokosnuss eine beliebte, alltägliche Zutat, deren Aroma man aus vielen Gerichten und Süßspeisen herausschmeckt. Viele Bootstouren auf den Backwaters von Kerala machen an einer Kokosplantage halt, wo man frisch geerntete Kokosnüsse kosten kann: Sie sind viel milder als die auf ihrer Reise zu westlichen Supermärkten nachgealterten Exemplare.

Reis ist im Süden wichtigste Beilage zu suppenartigen Daals, wie z. B. Saambhar (s. S. 82), das von Millionen täglich verzehrt wird. Zum Frühstück gibt es dünne, knusprige Dosas (s. S. 243) aus einer fermentierten Reis-Linsen-Teigmischung oder Idlis, gedämpfte Reiskuchen, deren Form an fliegende Untertassen erinnert – mit einem scharf gewürzten Daal ein äußerst wirksamer Muntermacher. Upamas, gedämpfte, mit Curryblättern, Senfblättern und Chillies gewürzte Reisgrießkuchen, isst man ebenfalls zum Frühstück oder als Zwischenmahlzeit.

Kerala hat mit seinem harmonischen Nebeneinander von Hindus, Muslimen, Christen und der jüdischen Gemeinde in Kochi eine besonders interessante Küche

Eine indische Mahlzeit in Indien zu genießen, ist eine ganz andere Erfahrung als in einem indischen Restaurant in Europa.

zu bieten. Außer der bemerkenswerten Vielfalt von Fischen, Schalen- und Krebstieren aus dem Arabischen Meer und den Binnengewässern serviert man hier auch Daals und sogar Rind. Fangfrisch zubereitete Meeresfrüchte verkaufen z. B. die Imbissbuden gegenüber den chinesischen Fischernetzen am Hafen von Fort Kochi.

Die scharfen, mit Chili gewürzten Gerichte der Region um Chennai (Madras) werden von vielen, die milderes Essen vorziehen, fälschlich als typisch für die ganze indische Küche angesehen. Dabei soll der großzügige Einsatz von Chillies hier vor allem gegen die Tropenhitze helfen: Er fördert die Schweißproduktion, die den Körper von außen kühlt. Rindfleisch nach Madras-Art (s. S. 152) ist ein Beispiel für die beliebte Kombination von Chillies mit Kokosnuss.

Cashewkerne wachsen in der langen, trockenen Wachstumssaison von Karnataka, Goa und Kerala so üppig, dass jeder, der sie sonst des Preises wegen nur sparsam genießt, hier richtig schwelgen kann: In den Hotelbars werden die Schüsseln laufend nachgefüllt. Im März findet man auf dem Markt die frisch geernteten Nüsse, an denen noch die grünen Früchte haften.

An der Südspitze von Tamil Nadu bieten die vielen Tempelstädte faszinierende Architektur und hervorragendes vegetarisches Essen, vor allem würzige Daal-Gerichte mit Reis und erfrischenden Chutneys. Hier trinkt man den ganzen Tag über Kaffee.

Indische Essgewohnheiten

Eine landestypische Mahlzeit in Indien zu genießen, ist eine ganz andere Erfahrung als in einem indischen Restaurant in Europa, selbst wenn die Gerichte die gleichen sind. Kaum ein Inder käme auf die Idee, ein Essen in mehreren Gängen zu servieren: Das gesamte Mahl, einschließlich des Desserts, kommt gleichzeitig auf den Tisch. Traditionell werden die einzelnen Gerichte in kleinen Schalen, den *Katoris*, auf einer runden Metallplatte, dem *Thali*, serviert, die aus schlichtem Edelstahl, aus ziseliertem Gold oder Silber bestehen kann, im Süden aber auch schon mal durch ein großes Bananenblatt ersetzt wird. In Privathaushalten geht man heute zunehmend dazu über, einfach alle Gerichte in die Mitte des Tischs zu stellen, sodass sich jeder selbst bedienen kann.

Bei der Planung einer *Thali*-Mahlzeit entscheidet sich die Köchin bzw. der Koch zunächst für ein Hauptgericht, sei es Geflügel, Fleisch oder Daal. Dann wählt man ein Gemüsegericht als geschmackliche Ergänzung und ein Raita, danach die passende Reis- und/oder Brotsorte und Chutneys. Dabei achtet man auf die harmonische Kombination von Konsistenzen, Aromen und Farben. Ein vegetarisches *Thali* könnte etwa aus einem Daal-Gericht mit zwei oder drei Gemüsegerichten, wie z. B. Gebratene Okras (s. S. 106), Erbsen mit Paneer (s. S. 100) und Raita-Kartoffeln (s. S. 52) bestehen, dazu ein oder zwei Chutneys, ein Reishügel in der Mitte und vielleicht noch einige Chapatis.

Die indische Kunst, mit den Fingern zu essen, erfordert Übung. Unstrittig ist, dass man nur die rechte Hand benutzt, aber da hört die Einigkeit auch schon auf. Die Nordinder nehmen bloß die Fingerspitzen, um ein Stück Brot abzureißen und damit mundgerechte Happen aufzuschaufeln, und sehen mit Grausen, wie die Südinder ihr Essen mit den Fingern zum Mund führen.

Die Obstverkäuferin bietet frische Früchte am viel besuchten Benaulim Beach in Goa feil.

Zutaten der indischen Küche

Authentische Zutaten, um die Genüsse der indischen Kochkunst in unsere Küchen zu holen, sind heute in vielen großen Supermärkten oder in indischen und asiatischen Lebensmittelläden erhältlich.

Bananenblätter Südindische Mahlzeiten werden oft auf diesen großen, glänzend dunkelgrünen Blättern serviert. Manche Gerichte werden auch vor dem Garen in Bananenblätter eingerollt. Man bekommt sie frisch in indischen und asiatischen Lebensmittelläden.

Basmatireis *(Basmati Chaaval)* Dieser langkörnige, in den Ausläufern des Himalajas angebaute Reis wird wegen seines zarten Dufts und seiner seidenglatten Körner, die beim Kochen nicht verkleben, weltweit hoch geschätzt. Er gilt außerhalb Indiens schon fast als Synonym für indische Kochkunst, dabei werden im Land selbst über 20 Reissorten angebaut und verwendet. Der Basmatireis bleibt oft besonderen Anlässen und Festlichkeiten vorbehalten. Dies ist der richtige Reis für üppige Biryanis und Pilaws.

Zubereitung: 60 g Reis pro Person unter kaltem Wasser abspülen, bis das Wasser klar bleibt. Den Reis in eine Schüssel geben, mit Wasser bedecken und 30 Minuten einweichen. Reis in ein Sieb abgießen und dann in einen Topf mit dicht schließendem Deckel geben. So viel Wasser zugießen, dass der Reis gut bedeckt ist, eine Prise Salz zugeben, zum Kochen bringen, den Deckel abnehmen und den Reis 6 Minuten kochen lassen. Den Reis in einen Siebeinsatz abgießen, der in den Topf passt, aber nicht abspülen. Einen Fingerbreit Wasser in den Topf geben und das Sieb so hineinhängen, dass der Reis das Wasser nicht berührt. Den Deckel auflegen und den Reis bei mittlerer Hitze ca. 4 Minuten dämpfen. Mit einer Gabel auflockern und nach Belieben vor dem Servieren eventuell noch etwas Salz unterrühren.

Bockshornklee *(Methi)* Bockshornkleesamen sind ein Bestandteil fertig verkaufter Currypulver, werden in indischen Masalas jedoch seltener verwendet. Man gibt sie aber häufig in Daal-Gerichte, um Blähungen vorzubeugen. Oft werden sie vorher angeröstet, aber Vorsicht: Wenn man sie zu scharf anbrät, werden sie bitter. Frische Bockshornkleeblätter kann man wie Spinat garen. Samen sowie frische und getrocknete Blätter des Bockshornklees sind in indischen Lebensmittelläden erhältlich.

Curryblätter *(Kadhi Patta)* Dünne, spitz zulaufende, grüne Blätter des in Indien und Sri Lanka heimischen „Currybaums"; sie ähneln kleinen Lorbeerblättern. Die Blätter werden oft angebraten und als Garnierung vor allem bei südindischen Gerichten eingesetzt, denen sie ein leicht bitteres Würzaroma verleihen. Man bekommt sie frisch oder getrocknet in indischen und asiatischen Lebensmittelläden.

Gur *(Jaggery)* Nebenprodukt der Zuckerherstellung aus Zuckerrohr, das in vielen indischen Rezepten, vor allem für Süßspeisen, den Zucker ersetzt. Es ist in Kegel- oder Zylinderform in indischen Lebensmittelläden erhältlich. Gegebenenfalls durch braunen Rohrzucker ersetzen.

Ingwer *(Adrak)* Die knorrige Wurzel ist ein wesentliches Element der echten indischen Küche. Ihr würzig-wärmender Geschmack ist unentbehrlich für viele Fleisch-, Geflügel- und Fischgerichte sowie vegetarische Klassiker. Frischer Ingwer mit fester, glatter Schale hat das beste Aroma. Eine runzlige Schale deutet auf ausgetrocknetes Fleisch hin. Die Wurzel kann in einem verschlossenen Behälter im Kühlschrank längere Zeit aufbewahrt werden. Viele Rezepte in diesem Buch beruhen auf einer Paste aus Ingwer und Knoblauch, die angebraten wird.

Zubereitung der **Knoblauch-Ingwer-Paste**: Gleiche Anteile von Knoblauch und Ingwer zusammen im Mixer zerkleinern. Da die benötigten Mengen oft zur Verarbeitung im Mixer zu klein sind, kann man auch eine größere Menge zubereiten und im dicht verschlossenen Behälter im Kühlschrank bis zu drei Wochen und im Gefrierschrank bis zu einem Monat aufbewahren. Oder Sie zerkleinern die für ein Rezept benötigte Menge in einer Gewürzmühle oder im Mörser.

Joghurt *(Dahi)* Die indische Küche kennt unzählige Verwendungsmöglichkeiten für Naturjoghurt. Er wird als Marinade und Säuerungsmittel sowie als Hauptbestandteil vieler Raitas und mancher Chutneys eingesetzt. Indischer Joghurt aus Büffelmilch wird in der einen oder anderen Form zu fast jeder Mahlzeit gereicht. Erfrischende Lassi-Getränke (s. S. 212–213) werden mit Joghurt zubereitet, und in manchen Regionen gibt es zum Abschluss jeder Mahlzeit eine Schale Joghurt. Ein besonders verführerisches Dessert ist Shrikhand mit Granatapfel (s. S. 207) aus mit Kardamom und Safran aromatisiertem Joghurt.

Kokosnuss *(Nariyal)* Die „Frucht der Götter" ist wichtiger Bestandteil von Hindu-Ritualen, aber auch der Küchen in Südindien und Goa. Ihr weißes Fleisch und das Kokoswasser dienen als Zwischenmahlzeit und Zutat zu vielen Gerichten. Kokosmilch kann man in Dosen kaufen oder selbst herstellen, indem man frisch geraspelte Kokosnuss in kochendem Wasser einweicht. Achten Sie bei Kokosmilch aus der Dose darauf, dass sie ungesüßt ist.

Die einfachste Methode, ein Currygericht mit kräftigem Kokosaroma anzureichern, besteht darin, eine vorgegebene Menge Kokoscreme in kochendem Wasser aufzulösen. Kokoscreme in festen Blöcken ist in asiatischen Lebensmittelläden erhältlich.

Koriander *(Hari Dhaniya)* Korianderblätter sind für indische Köche das, was bei uns die Petersilie ist. Sie werden als frische grüne Garnierung bei vielen Gerichten verwendet und verleihen Brot, Reis, Chutneys, Salaten und vielen Getränken eine scharfe Würznote. Auch die fein gehackten Wurzeln werden als Würzmittel verwendet.

Minze *(Pudina)* Das von den Persern nach Indien eingeführte Kraut ist vor allem in Nordindien als frischwürzige Garnierung für gehaltvolle Fleisch- und Geflügelgerichte beliebt. Besonders Chutneys, Raitas und Getränke aromatisiert man gern mit frischer Minze.

Senföl *(Sarson ka Thel)* Beliebtes Speiseöl mit scharfem Aroma. Um es etwas abzumildern, erhitzt man das Öl anfänglich sehr stark und lässt es dann abkühlen, bevor man es erneut erhitzt und weitere Zutaten zugibt. Es ist in indischen, asiatischen Lebensmittelläden und manchen Supermärkten erhältlich.

Silberfolie *(Varak)* Bei festlichen Anlässen werden indische Süßspeisen und Leckereien manchmal mit einer hauchdünnen, essbaren Silberfolie überzogen, die in Deutschland allerdings kaum erhältlich ist.

Tamarinde *(Imli)* Wenn ein indisches Gericht eine charakteristisch säuerliche Geschmacksnote aufweist, wie z. B. die Süß-sauren Linsen auf Seite 114, ist es meist mit dem Mark von Tamarindenfrüchten gewürzt. Man findet es in indischen Lebensmittelläden in Form von Tamarindenpaste oder als gepresste Tafeln, die man in kochendem Wasser einweichen und dann durch ein Sieb passieren muss.

Gewürze der indischen Küche

Indisches Essen ohne Gewürze wäre wie ein Garten ohne Blumen. Gewürze sind das A und O der indischen Küche. Der Besuch eines indischen Gewürzmarktes verzaubert die Sinne mit verführerischen, exotischen Düften und einem überwältigenden Kaleidoskop von Farbtönen: Ganze Berge von leuchtend rotem Chilipulver, goldgelber Tamarinde, blassgrünen Kardamomfrüchten, pechschwarzen Schwarzkümmelsamen, grauen Mohnkörnern und cremefarbener Sesamsaat quellen dort aus den Jutesäcken.

Currypulver verwendet man in Indien nicht. Stattdessen mischt man die Gewürze in verschiedensten Kombinationen, die jedem Gericht sein charakteristisches Aroma geben. Zwar bekommt man auch in Indien fertige Masala-Mischungen, doch die Tradition, die Gewürze für jedes Mahl selbst frisch zu mahlen und zu mischen, ist noch sehr lebendig.

Hier sind die Gewürze aufgeführt, die den Rezepten in diesem Buch ihr authentisches Aroma geben. Fertig gemahlene Gewürze sind praktisch, verlieren aber rascher ihr Aroma als ganze Gewürze, die erst unmittelbar vor Verwendung frisch gemahlen werden.

Asant *(Hiing)* Dieses fein gemahlene Harz heißt nicht umsonst auch „Teufelsdreck", denn es hat ungegart einen recht abstoßenden Schwefelduft. Indische Köche geben es seiner verdauungsfördernden Wirkung wegen vor allem in Gemüse- und Hülsenfruchtgerichte und sauer eingelegtes Gemüse. Hinduistische Brahmanen und Dschainas schätzen es als Ersatz für Knoblauch und Zwiebeln, die ihnen verboten sind. Das nur sehr sparsam zu verwendende Asant bekommt man in indischen Lebensmittelläden.

Chilipulver Die dunkelroten Kaschmir-Chillies, die im Norden von Kaschmir wachsen, schmecken mild und verleihen Gerichten wie Rogan Josh (s. S. 129) und Tandoori-Huhn (s. S. 156) ihre kräftig rote Färbung. Dieses Chilipulver finden Sie in indischen Lebensmittelläden. Das in allen Supermärkten erhältliche Cayenne-Chilipulver ist dagegen scharf, hat aber keine ausgeprägte Farbwirkung.

Chillies, grüne und rote *(Hari Mirch* und *Lal Mirch)* Die Chilifrucht ist aus der indischen Küche nicht mehr wegzudenken, obwohl sie erst durch die Portugiesen nach Indien eingeführt wurde. Heute wachsen in Indien mehr als 20 verschiedene Chilisorten, deren Farbtöne von Weiß und Safrangelb bis zum vertrauteren Rot und Grün variieren. Grüne Chillies sind unreife rote Chilifrüchte.

Die Schärfe einer Chili ist an ihrem Aussehen nicht eindeutig zu erkennen. Meist gilt: Je kleiner und röter eine Chili, desto schärfer, aber man hält sich hier besser an Erfahrungswerte. Die Schärfe, die eine Chili dem jeweiligen Gericht verleiht, hängt auch davon ab, ob man sie vorher entkernt. Je mehr Kerne man mitgart, desto schärfer wird das Gericht. Getrocknete rote Chillies haben ein sehr intensives Aroma und sollten nur äußerst sparsam verwendet werden.

Gewürznelken *(Laung)* Die getrockneten Blütenknospen, die in Indien häufiger ganz als gemahlen verwendet werden, sind ihres durchdringenden Aromas wegen sparsam zu dosieren. Sie würzen vor allem in Nordindien viele herzhafte und süße Gerichte und sind Bestandteil von *Paan*, einer von Straßenhändlern angebotenen Betelnussmischung, die für frischen Atem sorgt.

Kardamom *(Elaichi)* Als „Königin der Gewürze" („König" ist der schwarze Pfeffer) gehört grüner Kardamom zu den beliebtesten Würzmitteln der indischen Küche für herzhafte und süße Speisen ebenso wie für Getränke. Das zarte, süßliche Aroma stammt von den Samen, die sich in kleinen, glatten Kapseln befinden. Oft gart man die ganzen Kapseln mit, die jedoch nicht verzehrt werden. Kardamomkapseln werden schon seit der Mogul-Zeit auch als Mittel gegen Mundgeruch gekaut. Schwarzer Kardamom hat ein viel kräftigeres Aroma und wird nur in herzhafte Gerichte gegeben. Kardamompulver und -kapseln bekommt man in vielen Supermärkten.

Koriander *(Dhaniya)* Gemahlene Koriandersamen geben der indischen Küche eine ihrer unverwechselbaren Geschmacksnoten. Die Samen, die ganz anders als die frischen Blätter des Krauts schmecken, sind rund, fein gerippt und lassen sich in der Gewürzmühle oder im Mörser leicht zerkleinern. Man bekommt sie ganz oder fertig gemahlen.

Kreuzkümmel *(Jeera)* Sein kräftiges Aroma und seine verdauungsfördernde Wirkung werden in ganz Indien hoch geschätzt. Oft werden die länglichen Samen zunächst in heißem Öl angebraten, damit sie ihr Aroma noch besser entfalten, dabei muss man jedoch aufpassen, denn sie können in Sekundenschnelle anbrennen und schmecken dann sehr bitter. Den auch bei uns bekannten braunen Kreuzkümmel bekommt man überall, schwarze Kreuzkümmelsamen (Kala Jeera) in indischen Lebensmittelläden.

Kurkuma *(Haldi)* Dieses Gewürz aus der Wurzel einer dem Ingwer verwandten Pflanze verleiht vielen indischen Fleisch-, Fisch-, Hülsenfrucht- und Gemüsegerichten ein kräftiges Sonnengelb und ein pikantes Aroma. Als Pulver bekommt man es in jedem Supermarkt, als frische oder getrocknete Wurzel in gut sortierten indischen Lebensmittelläden.

Mangopulver *(Aamchoor)* Das aus grünen Mangos hergestellte Pulver dient als Zartmacher für Fleisch, säuerliche Würze und ist Bestandteil von Chaat masala. Es ist in indischen Lebensmittelläden erhältlich.

Safran *(Kesar)* Dieses teuerste Gewürz der Welt besteht aus dünnen Fäden, den getrockneten Blütennarben einer Krokuspflanze, die von Hand gepflückt werden. Der indische Safran wird im Kaschmir angebaut und verleiht vielen indischen Gerichten, vor allem solchen aus dem Norden, eine leuchtend gelbe Färbung und ein zartes, leicht moschusartiges Aroma. Der seit der Mogul-Zeit verwendete Safran darf in klassischen Gerichten wie Lamm-Biryani (s. S. 126) und festlichen Süßspeisen nicht fehlen. Bei preiswerterem indischem „Safran" handelt es sich oft um Saflor, der Gerichte zwar orangegelb färbt, aber keinen Eigengeschmack hat.

Schwarzkümmelsamen *(Kalonji)* Die kleinen, pechschwarzen Samen sehen wie winzige Kohlesplitter aus und haben ein nussig-pfeffriges Aroma. Man gibt sie als Würze an Fisch, Essiggemüse, Naan-Brot, Reis- und Hülsenfruchtgerichte.

Senfsamen *(Rai)* Kleine, runde schwarze, braune oder gelbe Senfsamen werden überall in Indien verwendet. Roh sind sie sehr scharf; oft brät man sie in heißem Öl an, um ihr Aroma zu mildern. Schwarze und braune Samen sind in der Verwendung austauschbar. Man bekommt sie in indischen Lebensmittelläden.

Zimt *(Dalchini)* Indische Köche verwenden die getrocknete, gerollte Rinde des Zimtbaums ganz oder in gemahlener Form als Würze für süße und herzhafte Gerichte und Getränke. Zimt ist unerlässliche Zutat der Gewürzmischung Garam masala (s. S. 251), mit der so viele Curry- und Reisgerichte aus dem Norden gewürzt werden. Mitunter wird er vor Verwendung trocken angeröstet, um sein Aroma zu intensivieren.

SNACKS & VORSPEISEN

Das überall in Asien beliebte Essen auf der Straße ist für viele Inder selbstverständlicher Teil ihres Alltags. Wo immer Menschen zusammenkommen, in den überfüllten Stadtzentren, auf den Märkten und Basaren, an verkehrsreichen Kreuzungen, vor Geschäften, an Bahnhöfen und Taxiständen, findet man mindestens einen Straßenverkäufer, der Beutel mit gemischten Häppchen, so genannten *Bhujiyas* (außerhalb Indiens als Bombay-Mix bekannt), anbietet, auf einem Behelfsofen Kebabs, Pakoras oder Samosas zubereitet oder frische Obstsäfte presst.

Die Anpreisungen der Imbissverkäufer, das Zischen des heißen Öls, das Duftgemisch aus Gewürzen und Staub bleiben unauslöschliche Eindrücke jeder Indienreise.

Die kleinen, pikanten indischen Snacks nennt man *Chaat*, was von dem Hindi-Wort für „lecken" kommt – weil man sich nach dem Verzehr die Finger leckt. Man kann die scharfen Köstlichkeiten heiß oder kalt genießen. *Chaat* sind preiswert, abwechslungsreich und bieten eine verführerische Aromavielfalt. Sie lassen sich bestens im Gehen verzehren, während man mit Freunden plaudert.

Natürlich kann man das indische „Street Food" auch übermäßig romantisieren, aber vieles davon ist lecker und sättigend, und die Auswahl ist schier unbegrenzt. Die fantasievollen Garköche ersetzen die in indischen Städten immer noch dünn gesäten und in ländlichen Regionen gar nicht vorhandenen Fast-Food-Restaurants. Da in vielen zu engen Stadtwohnungen kaum Platz zum Kochen ist, kann sich diese faszinierende Tradition auch weiterhin halten.

Die kleinen, pikanten indischen Snacks nennt man Chaat, was von dem Hindi-Wort für „lecken" kommt.

Für viele ist Chowpatty Beach in Mumbai der Gipfel der indischen Street-Food-Kultur. In dieser extrem dicht bevölkerten Stadt locken die offenen Flächen am Ufer und die Kirmesattraktionen mit ihren grellen Neonlichtern gegen Abend zahlreiche Fast-Food-Köche und ihre Kunden an. Bhel Puri (s. S. 44), ein würziger Mix aus Kartoffelwürfeln, Puffreis und dünnen Sev-Nudeln mit Tamarinden-Chutney, Koriander-Chutney und einem Löffel Joghurt, wird oft als Idealbeispiel für original indisches *Chaat* angeführt. Jeder der Straßenverkäufer hat sein eigenes Rezept, doch jedes davon vermittelt einen unverwechselbaren Geschmack von Mumbai. An heißen, schwülen Abenden erfrischen sich Liebespaare und Familien mit kleinen Kindern hier auch mit Kulfi, indischer Eiscreme, wie etwa der mit Safran und Mandeln aromatisierten Version auf Seite 204.

Was trinkt man zum *Chaat*? Da bietet sich ein Masala-Tee (s. S. 214) an, den Inder den ganzen Tag lang zu trinken scheinen, oder eines der beliebten Lassi-Getränke mit oder ohne Frucht (s. S. 212–213). Oder natürlich eine Flasche eiskaltes indisches Bier,

Suppen sind kein traditioneller Bestandteil indischer Mahlzeiten, sondern wurden von den Briten eingeführt.

von dem inzwischen auch einige Sorten hier zu Lande erhältlich sind.

Vorspeisen werden in Indien nicht als eigener Gang gereicht, weshalb indische Restaurants im Ausland sich oft die Freiheit nehmen, die beliebtesten indischen *Chaat* und andere Imbissgerichte als „Entrees" anzubieten, wie Zwiebel-Pakoras (s. S. 38), Blumenkohl-Pakoras (s. S. 42), Gemüse-Samosas (s. S. 40) und Hähnchen-Tikka (s. S. 55).

Auch Suppen sind kein traditioneller Bestandteil indischer Mahlzeiten, sondern wurden von den Briten in der Kolonialzeit eingeführt. So entstand etwa die aus „Dinner for One" bekannte Mulligatawny-Suppe (s. S. 68), weil britische Köche, die ihre heimatlichen Suppen vermissten, die würzige tamilische Rassam-Brühe (s. S. 71) mit Hammelfleisch anreicherten, um sie sättigender zu machen, und das Ergebnis dann „Mulligatawny" nannten, was sich grob als „Pfefferwasser" übersetzen lässt.

Die Rezepte in diesem Kapitel geben einen kleinen Einblick in die Vielseitigkeit indischer Snack-Kost. Sie können diese Gerichte tagsüber als schnellen Imbiss verzehren, vor einem gehaltvolleren Hauptgang servieren oder mit gekühlten Cocktails vor dem Abendessen reichen. Weitere Snack-Ideen aus anderen Kapiteln sind z. B. Dosa Masala (s. S. 84), Parsisches Rührei (s. S. 89) und Fisch-Pakoras (s. S. 190).

Detail eines Türbogens im Palast von Jaipur, der für seine kunstvolle Architektur und Innenausstattung berühmt ist

Folgende Doppelseite *Der von prachtvollen Gebäuden gesäumte Pushkar-See in Rajasthan*

Zwiebel-Pakoras

Pyaaz Pakora

Es gibt wohl nicht allzu viele indische Restaurants, ob in Indien oder anderswo, auf deren Speisekarte dieser beliebte Snack fehlt. Überall in Indien sieht man Straßenverkäufer, die Pakoras oder andere Snacks in schwarzen, wokähnlichen Pfannen, den so genannten Kadhais oder Karahis, frittieren. Man kann auch einen großen Schmortopf, einen Wok oder eine Fritteuse verwenden.

ERGIBT 12 STÜCK

140 g Kichererbsenmehl (Besanmehl)
1 TL Salz
1 TL gemahlener Kreuzkümmel
1 TL gemahlene Kurkuma
1 TL Natron
1/2 TL Chilipulver
2 TL Zitronensaft
2 EL Pflanzen- oder Erdnussöl, plus etwas mehr zum Ausbacken
2–8 EL Wasser
2 Zwiebeln, in feinen Ringen
2 TL Koriandersamen, grob zerstoßen
Zitronenspalten, zum Servieren

1 Kichererbsenmehl, Salz, Kreuzkümmel, Kurkuma, Natron und Chilipulver in eine große Schüssel sieben. Zitronensaft und Öl zugeben, dann nach und nach gerade so viel Wasser unterrühren, dass ein Teig von der Konsistenz flüssiger Sahne entsteht. Zwiebeln und Koriandersamen unterziehen.

2 Das Öl zum Ausbacken* in einem Kadhai, einem Wok, einer Fritteuse oder einem Schmortopf auf 180 °C erhitzen (ein Brotwürfel bräunt darin innerhalb von 30 Sekunden). Die Zwiebelmischung löffelweise ins Öl geben, 2 Minuten frittieren, dann mit einer Küchenzange wenden und von der anderen Seite weitere 2 Minuten goldbraun frittieren.

3 Die Pakoras sofort aus dem Öl nehmen und auf Küchenpapier gut abtropfen lassen. Fertige Pakoras warm stellen, während die übrige Teigmischung frittiert wird. Die Pakoras heiß mit Zitronenspalten reichen.

**Tipp*

Wie bei allen frittierten Gerichten hängt der feine Unterschied zwischen knusprig und fetttriefend davon ab, ob das Öl während des Ausbackens die optimale Temperatur behält. Ist die Temperatur zu niedrig, werden die Pakoras zu fettig, ist sie zu hoch, verbrennt der Teigmantel, während die Zwiebeln roh bleiben. Deshalb sollte man die Pakoras portionsweise ausbacken und das Öl zwischendurch wieder auf die richtige Temperatur bringen. Wenn Sie öfter frittieren, aber keine Fritteuse haben, kann die Anschaffung eines Fett-Thermometers lohnend sein.

Gemüse-Samosas

Aloo Mattar Samosa

Man braucht etwas Übung und Geduld, um die Form dieser dreieckigen Teigtaschen richtig hinzubekommen, aber wenn Sie erst einmal ein paar davon gemacht haben, werden Sie darin bald so geschickt sein wie viele Garköche in Indien, wo man Samosas mit oder ohne Fleisch auf jedem Straßenmarkt und an jeder größeren Kreuzung bekommt.

ERGIBT 14 STÜCK

250 g Mehl
1/2 TL Salz
40 g Ghee (s. S. 253) oder Butter, zerlassen
1/2 EL Zitronensaft
100–125 ml kaltes Wasser

*Füllung**

60 g Ghee (s. S. 253) oder 4 EL Pflanzen- oder Erdnussöl
1 Zwiebel, sehr fein gehackt
2 Knoblauchzehen, zerdrückt
1 Kartoffel, sehr fein gewürfelt
2 Karotten, sehr fein gehackt
2 TL mildes, mittelscharfes oder scharfes Currypulver (nach Belieben)
1 1/2 TL gemahlener Koriander
1 TL gemahlene Kurkuma
1 frische grüne Chili, entkernt und fein gehackt
1 TL Salz
1/2 TL schwarze Senfsamen
300 ml Wasser
100 g Erbsen, Tiefkühlware aufgetaut
60 g Blumenkohlröschen, möglichst klein zerteilt
Pflanzen- oder Erdnussöl, zum Ausbacken
frische Korianderblätter, zum Garnieren

1 Für die Füllung das Ghee in einem Kadhai, einem Wok oder einer großen Pfanne bei mittlerer Hitze zerlassen. Zwiebel und Knoblauch zugeben und 5–8 Minuten weich dünsten, aber nicht bräunen.

2 Kartoffel und Karotten unterheben und unter gelegentlichem Rühren mitbraten. Currypulver, Koriander, Kurkuma, Chili, Salz und Senfsamen unterrühren. Das Wasser zugießen, zum Kochen bringen. Die Hitze reduzieren und ca. 15 Minuten auf geringster Hitze köcheln, gelegentlich umrühren. Erbsen und Blumenkohl zugeben und weiterköcheln, bis das Gemüse weich ist und die Flüssigkeit eingekocht ist. Vom Herd nehmen und beiseite stellen.

3 Inzwischen den Teig zubereiten: Mehl und Salz in eine Schüssel sieben, eine Mulde in die Mitte drücken, Ghee und Zitronensaft hineingeben und mit den Fingerspitzen einarbeiten. Nach und nach das Wasser zugeben, bis ein weicher Teig entsteht.

4 Den Teig auf die Arbeitsfläche geben und ca. 10 Minuten kneten, bis der Teig glatt ist. Zu einer Kugel formen, mit einem feuchten Geschirrtuch abdecken und ca. 15 Minuten ruhen lassen.

5 Den Teig in 7 gleiche Portionen teilen. Jeweils nur eine Portion ausrollen und den restlichen Teig mit einem Geschirrtuch abdecken. Die erste Portion auf der leicht gefetteten Arbeitsfläche zu einem runden Fladen von 20 cm Durchmesser ausrollen, dann in der Mitte durchschneiden. Mit den restlichen Portionen ebenso verfahren, sodass Sie 14 Halbfladen erhalten.

6 Die Ränder des ersten Halbfladens mit Wasser befeuchten. 2 Teelöffel Füllung knapp neben der Mitte auf den Teig geben. Eine Teigseite über die Füllung

klappen, dann die andere überlappend darüber klappen, sodass eine Art spitzer Tüte entsteht. Das offene Ende mit Wasser befeuchten und fest zudrücken. Mit einem feuchten Geschirrtuch abdecken, während Sie die übrigen Samosas zubereiten.

7 In einem Kadhai, einem Wok oder einem Schmortopf ca. 2,5 cm Öl auf 180 °C erhitzen (ein Brotwürfel bräunt darin innerhalb von 30 Sekunden). Die Samosas portionsweise in 2–3 Minuten goldbraun ausbacken, dabei einmal wenden. Danach auf Küchenpapier gut abtropfen lassen. Am besten heiß, mit Koriander garniert und einem Chutney als Beilage servieren, sie schmecken aber auch warm.

**Variation*

Als Fleischfüllung eignet sich das *Kheema-Matar*-Rezept von Seite 151: Die Mischung in einer Pfanne ohne Deckel köcheln, bis alle Flüssigkeit eingekocht ist.

Blumenkohl-Pakoras

Gobhi ka Pakora

Diese knusprig frittierten Häppchen findet man im Westen auf den Speisekarten vieler Restaurants, während sie in Indien eher zu Hause zubereitet werden und auf der Straße kaum zu finden sind.

FÜR 4 PERSONEN

Pflanzen- oder Erdnussöl, zum Frittieren

400 g Blumenkohlröschen

Teig

140 g Kichererbsenmehl (Besanmehl)

2 TL gemahlener Koriander

1 TL Garam masala (s. S. 251)

1 TL Salz

1/2 TL gemahlene Kurkuma

1 Prise Chilipulver

15 g Ghee (s. S. 253), zerlassen, oder 1 EL Pflanzen- oder Erdnussöl

1 TL Zitronensaft

150 ml kaltes Wasser

2 TL Schwarzkümmelsamen

1 Für den Teig* Kichererbsenmehl, Koriander, Garam masala, Salz, Kurkuma und Chilipulver in einer großen Schüssel verrühren. Eine Mulde in die Mitte drücken, Ghee, Zitronensaft und 2 Esslöffel Wasser hineingeben und alles zu einem dicken Teig verrühren.

2 Mit einem elektrischen Handrührer oder einem Schneebesen nach und nach so viel von dem übrigen Wasser unterrühren, dass ein glatter Teig von der Konsistenz dickflüssiger Sahne entsteht. Die Schwarzkümmelsamen unterrühren. Die Schüssel abdecken und den Teig mindestens 30 Minuten ruhen lassen.

3 Das Öl zum Frittieren in einem Kadhai, einem Wok, einer Fritteuse oder einem großen Schmortopf auf 180 °C erhitzen (ein Brotwürfel bräunt darin in 30 Sekunden). Ein Blumenkohlröschen in den Teig tauchen, überschüssigen Teig in die Schüsse abtropfen lassen und das Röschen ins heiße Öl geben. Weitere Blumenkohlröschen in Teig tauchen und ins Öl geben (der Topf darf dabei nicht zu voll werden) und ca. 3 Minuten frittieren, bis sie knusprig und goldbraun sind.

4 Die fertigen Pakoras mit einem Schaumlöffel aus dem Öl nehmen und auf Küchenpapier abtropfen lassen. Wenn alle Blumenkohlröschen fertig ausgebacken sind, die Pakoras heiß mit einem Chutney reichen.

**Tipp*

Sie können den Teig schon am Vortag zubereiten und über Nacht im Kühlschrank aufbewahren, vor Verwendung auf Zimmertemperatur aufwärmen und gut durchrühren.

Süß-saure Knabbernüsse

Khatta-Meetha Mewa

Wenn Sie sich nach einer langen Sightseeing-Tour aus der hektischen Hitze von Mumbai in die ruhige Cocktail-Lounge Ihres Hotels flüchten, reicht man Ihnen dort ein Schüsselchen dieser würzigen Knabbernüsse. Dazu passt ein eiskaltes Bier oder salziges Lassi (s. S. 212).

ERGIBT 450 g

300 g Zucker

1 TL Meersalz

2 EL mildes, mittelscharfes oder scharfes Currypulver (nach Belieben)

1 TL gemahlene Kurkuma

1 TL gemahlener Koriander

1 Prise Chilipulver

450 g ganze, geschälte Mandeln und Cashewkerne*

Pflanzen- oder Erdnussöl, zum Frittieren

1 Zucker, Salz, Currypulver, Kurkuma, Koriander und Chilipulver in einer großen Schüssel mischen und beiseite stellen.

2 Einen großen Topf mit Wasser zum Kochen bringen. Die Mandeln und Cashewkerne darin 1 Minute blanchieren, dann in ein Sieb abgießen und dieses rütteln, damit sie möglichst gut abtropfen. Mandeln und Cashewkerne sofort gründlich in der Gewürzmischung wenden.

3 Das Öl zum Frittieren in einem Kadhai, einem Wok, einer Fritteuse oder einem großen Schmortopf auf 180 °C erhitzen (ein Brotwürfel bräunt darin in 30 Sekunden). Mandeln und Cashewkerne mit einem Schaumlöffel aus der Gewürzmischung nehmen, ins heiße Öl geben und unter gelegentlichem Umrühren 3–4 Minuten frittieren, bis sie goldbraun sind, dabei darauf achten, dass sie nicht anbrennen.

4 Mandeln und Cashewkerne mit dem Schaumlöffel aus dem Öl nehmen, in der restlichen Gewürzmischung wenden, in ein Sieb geben und überschüssiges Gewürz abschütteln. Gut abkühlen lassen, bis die Gewürzkruste ausgehärtet ist. Sie halten sich in einem luftdicht verschlossenen Behälter bis zu einer Woche.

**Tipp*

Pekan- und Walnüsse sind in Indien nicht sehr häufig, sie schmecken aber mit dieser Gewürzmischung ebenfalls sehr lecker.

Bhel Puri

Bhel Puri

Dies ist ein in Mumbai sehr beliebter Snack, den man an schwülen Abenden am Chowpatty Beach genießt. Jeder Straßenverkäufer bereitet den würzigen Mix nach einem eigenen Rezept zu, doch Puffreis und Kartoffeln sind immer dabei. Die angegebenen Mengen sind nur Richtwerte, die Sie ohne weiteres nach Ihrem persönlichen Geschmack abwandeln können.

FÜR 4–6 PERSONEN

Salz
300 g neue Kartoffeln, abgebürstet
200 g Kichererbsen aus der Dose, abgespült und sehr gründlich abgetropft
100 g Sev-Nudeln*
60 g Puffreis
4 EL Rosinen
2 EL frisch gehackter Koriander
1 EL Fenchelsamen, angeröstet und abgekühlt
12 Mini-Puris (s. Tipp S. 240), zerbröselt
4 EL Naturjoghurt
Tamarinden-Chutney (s. S. 249)
Koriander-Chutney (s. S. 245)

Chaat masala

1 EL Koriandersamen
1 EL Kreuzkümmelsamen
1 TL schwarze Pfefferkörner
2 getrocknete rote Chillies

1 Einen großen Topf mit Salzwasser zum Kochen bringen und die Kartoffeln darin in 12–15 Minuten gar kochen. Abgießen und mit kaltem Wasser abspülen, pellen und in 5 mm große Würfel schneiden. Abdecken und mindestens 30 Minuten kalt stellen.

2 Inzwischen das Chaat masala zubereiten: Eine Pfanne ohne Fett stark erhitzen. Koriander- und Kreuzkümmelsamen, Pfefferkörner und Chillies hineingeben und unter Rühren anrösten, bis sie zu duften beginnen. Dann sofort aus der Pfanne nehmen, da die Kreuzkümmelsamen leicht anbrennen. Die geröstete Gewürzmischung in einer Gewürzmühle oder im Mörser zermahlen.

3 Kartoffelwürfel, Kichererbsen, Sev-Nudeln, Puffreis, Rosinen, Koriander, Fenchelsamen und Puri-Brösel mit den Händen vermengen. Mit dem Chaat masala bestreuen und nochmals durchmischen.

4 Die Mischung auf kleine Schälchen verteilen oder in eine große Schüssel geben und nach Belieben mit Joghurt und den Chutneys beträufeln. Man isst sie am besten sofort, solange sie noch richtig knusprig ist.

**Tipp*

Besorgen Sie sich im indischen Lebensmittelladen Sev-Nudeln, um dem Gericht seinen authentischen Geschmack und knusprigen Biss zu verleihen. Diese kurzen, dünnen Nudelstücke finden in vielen Bombay-Mix-Rezepten Verwendung.

Khandvi-Teigröllchen
Khandvi

Die leckeren Teigröllchen aus Besanmehl, die bei Hochzeiten und religiösen Festen gereicht werden, eignen sich auch gut als Appetithappen zu einem Cocktail oder trockenen Weißwein.

ERGIBT 16 STÜCK

85 g Kichererbsenmehl (Besanmehl)
1 TL gemahlener Ingwer
1 TL Salz
1/2 TL gemahlene Kurkuma
1/4 TL Chilipulver (nach Belieben)
450 ml Wasser
175 g Naturjoghurt
1 EL Zitronensaft

Garnierung

2 EL Pflanzen- oder Erdnussöl
1/2 EL schwarze Senfsamen
1/2 EL Sesamsaat, angeröstet
1 frische grüne Chili, entkernt und fein gehackt (nach Belieben)
1/2 EL frisch gehackter Koriander

1 Kichererbsenmehl, Ingwer, Salz, Kurkuma und Chilipulver zusammen in eine Schüssel sieben und eine Mulde in die Mitte drücken. Wasser, Joghurt und Zitronensaft verquirlen, in die Mulde gießen und alles zu einem glatten Teig verrühren.

2 Einen möglichst großen und tiefen Kochtopf mit kaltem Wasser ausspülen und den Teig hineingießen. Bei starker Hitze unter ständigem Rühren zum Kochen bringen. Die Hitze reduzieren und unter Rühren ca. 30 Minuten köcheln, bis die Flüssigkeit verdampft und die Teigmischung eingedickt ist.

3 Inzwischen ein Backblech von 32 cm x 30 cm* leicht einfetten. Den Teig auf das Backblech geben und mit einem angefeuchteten Teigspachtel ca. 3 mm dick verstreichen. Beiseite stellen und vollständig abkühlen lassen.

4 Den Teig mit einem scharfen Messer in 8 je 4 cm breite Streifen schneiden. Die Streifen halbieren, sodass Sie 16 Streifen von je 15 cm Länge erhalten. Die Streifen mit einem stumpfen Messer anheben und wie eine Biskuitrolle aufrollen. Die Teigröllchen auf eine Servierplatte geben und bis zum Servieren kalt stellen.

5 Unmittelbar vor dem Servieren das Öl in einem Topf oder einer Pfanne auf mittlerer Stufe erhitzen. Senfsamen und Sesamsaat zugeben und unter ständigem Rühren anbraten, bis sie platzen. Die Pfanne sofort vom Herd nehmen, die Chili zugeben und 30 Sekunden im heißen Öl mitrühren. Die Teigröllchen mit dem Öl und den Gewürzen übergießen, mit Koriander garnieren und servieren.

**Tipp*

Wenn Sie kein Backblech von 32 cm x 30 cm haben, einfach einen entsprechenden Bereich einer sauberen Arbeitsfläche einfetten und den Teig 3 mm dick darauf verstreichen.

Würzige Garnelen mit Gurke

Masala Jhinga aur Kakri

Die Stadt Bangalore ist heute ein Zentrum der Computerindustrie. Mit dem Wohlstand haben moderne Restaurants Einzug gehalten, deren junge Küchenchefs raffinierte Abwandlungen traditioneller Rezepte kreieren, wie z. B. diese leichte, knusprige Version der klassischen Garnelen-Puris (s. S. 185).

FÜR 4–6 PERSONEN

2 Tomaten

1/4 TL gemahlener Koriander

1/4 TL gemahlener Kreuzkümmel

1/4 TL Garam masala (s. S. 251)

1 Zwiebel, sehr fein gehackt

200 g Salatgurke, entkernt und fein gewürfelt*

250 g gekochte kleine Garnelen, ausgelöst

3 EL frisch gehackter Koriander

Salz

Zum Servieren

6–8 Puris (s. S. 240)

Zitronenspalten

1 Einen Topf mit Wasser zum Kochen bringen. Die Tomaten oben kreuzweise einschneiden und für ca. 1 Minute ins kochende Wasser geben. Die Tomaten aus dem Topf nehmen und sofort in eiskaltes Wasser tauchen. Dann die Tomaten häuten, halbieren, entkernen und das Fleisch sehr fein würfeln.

2 Koriander, Kreuzkümmel und Garam masala in einer Pfanne ohne Fett bei mittlerer Hitze 15 Sekunden unter Rühren anrösten. Die Zwiebel zugeben und unter ständigem Rühren 2 Minuten mit anbraten, bis die Mischung sehr trocken ist.

3 Tomaten und Gurke in die Pfanne geben und 2 Minuten mitrühren. Die Garnelen zugeben und unter Rühren 2 Minuten erhitzen. Den Koriander unterrühren und alles mit Salz abschmecken.

4 Heiß oder warm servieren; dazu die Puri-Fladen und die Zitronenspalten zum Beträufeln reichen.

*Variation

Wenn man die Gurke durch fein gewürfelte Mango ersetzt, erhält man eine besonders bunte, erfrischende Version des Gerichts, die gekühlt serviert wird.

Dieser prachtvolle Architekturstil ist typisch für Indiens Paläste und Tempel.

Garnelen-Ananas-Tikka

Jhinga aur Annanas Tikka

Bis vor kurzem war das südindische Kerala noch tiefste, verschlafene Provinz, doch inzwischen hat sich die Region zum beliebten Touristenziel gemausert. Die jungen Köche der schicken neuen Hotels ersinnen kreative Geschmackskombinationen wie dieses raffinierte Entree, das man auch auf glänzenden Bananenblättern servieren kann.

ERGIBT 4 SPIESSE

1 TL Kreuzkümmelsamen
1 TL Koriandersamen
1/2 TL Fenchelsamen
1/2 TL gelbe Senfsamen
1/4 TL Bockshornkleesamen
1/4 TL Schwarzkümmelsamen
1 Prise Chilipulver
Salz
2 EL Zitronen- oder Ananassaft
12 rohe Riesengarnelen, ausgelöst, aber mit Schwanzenden*
12 mundgerechte Ananasstücke, frisch oder aus der Dose, gut abgetropft
frisch gehackter Koriander, zum Garnieren
Kokos-Sambal (s. S. 247), zum Servieren

1 Falls Sie Holzspieße verwenden, 4 Spießchen 20 Minuten in Wasser einweichen, damit sie im Ofen nicht anbrennen.

2 Kreuzkümmel-, Koriander-, Fenchel-, Senf-, Bockshornklee- und Schwarzkümmelsamen in einer Pfanne ohne Fett bei starker Hitze unter ständigem Rühren anrösten, bis sie zu duften beginnen. Dann sofort aus der Pfanne nehmen, damit sie nicht anbrennen.

3 Die Gewürze mit dem Chilipulver und dem Salz in einer Gewürzmühle oder im Mörser zu feinem Pulver zermahlen. In eine Schüssel geben und mit dem Zitronen- oder Ananassaft verrühren.

4 Die Garnelen zugeben und in der Gewürzmischung wenden, bis sie gut bedeckt sind. 10 Minuten zum Marinieren beiseite stellen. Inzwischen den Backofengrill vorheizen.

5 Je 3 Garnelen und 3 Ananasstücke abwechselnd auf ein Spießchen stecken. Die Spießchen auf der obersten Schiene von jeder Seite 2 Minuten grillen, bis sich die Garnelen rosa verfärben – dabei gegebenenfalls mit verbliebener Marinade bestreichen.

6 Die Garnelen-Ananas-Spieße auf einen Teller geben, großzügig mit Koriander garnieren und das Kokos-Sambal dazu reichen.

**Tipp*

Um Garnelen auszulösen, zunächst die Schale ablösen und entfernen, dann die Garnele mit dem Rücken nach oben halten und mit einem kleinen, scharfen Messer über die ganze Länge einschneiden. Den schwarzen Darmfaden mit der Messerspitze aus dem Rücken herauslösen und wegwerfen.

Raita-Kartoffeln

Aloo ka Raita

Raitas werden oft als kühlende, cremige Beilage zu scharf gewürzten indischen Gerichten serviert, diese Kartoffel-Joghurt-Mixtur kann jedoch auch allein als pikanter Kartoffelsalat gereicht werden. Mit Reis und Chapatis serviert wird daraus ein leichtes Mittagessen.

FÜR 4–6 PERSONEN

400 g neue Kartoffeln, abgebürstet
Salz
1 TL Koriandersamen
1 TL Fenchelsamen
400 g Naturjoghurt
1 frische grüne Chili, entkernt und fein gehackt
Pfeffer
frisch gehackte Minze, zum Garnieren
4–8 Papadams, aufgebacken, zum Servieren*

1 Die Kartoffeln in ca. 12–15 Minuten in Salzwasser gar kochen. Abgießen, mit kaltem Wasser abspülen und gut abtropfen lassen. Die abgekühlten Kartoffeln in kleine Würfel schneiden (nach Belieben vorher pellen).

2 Inzwischen die Koriander- und Fenchelsamen in einer Pfanne ohne Fett bei starker Hitze unter ständigem Rühren anrösten, bis sie zu duften beginnen. Dann sofort aus der Pfanne nehmen, damit sie nicht anbrennen.

3 Die Samen in einer Gewürzmühle oder im Mörser zu feinem Pulver zermahlen.

4 Den Joghurt in einer Schüssel glatt rühren, gemahlene Gewürze und Chili unterrühren und das Ganze mit Salz und Pfeffer abschmecken. Die Kartoffelwürfel unterheben. Mit Frischhaltefolie abdecken und mindestens 30 Minuten kalt stellen.

5 Die Kartoffel-Joghurt-Mischung vor dem Servieren einmal durchrühren, mit der Minze garnieren und mit den warmen Papadams reichen.

**Tipp*

Um Papadams aufzubacken, ca. 1 cm Pflanzen- oder Erdnussöl in einem Kadhai, einem Wok oder einer großen Pfanne erhitzen. Die Papadams einzeln hineingeben und einige Sekunden ausbacken, bis sie aufgehen, sich goldbraun färben und Blasen werfen. Mit einer Küchenzange aus der Pfanne nehmen und auf Küchenpapier abtropfen lassen. Alternativ können Sie den Backofen auf höchster Stufe vorheizen, die Papadams mit etwas Pflanzen- oder Erdnussöl bestreichen und auf der obersten Schiene von beiden Seiten einige Sekunden backen.

Viele der alten Tempel sind mit kunstvollen Reliefdarstellungen von indischen Gottheiten geschmückt.

Hähnchen-Tikka
Murgh Tikka

Dies ist eine schnelle Version des anglo-indischen Klassikers, die nicht mit Fertigsauce, sondern mit einer selbst gemachten Würzpaste zubereitet wird, die die Aromavielfalt der indischen Küche widerspiegelt (ein originales Tandoori-Rezept finden Sie auf S. 156). Das Wort „Tikka" bedeutet, dass das Gericht aus Hähnchenteilen statt aus einem ganzen Huhn zubereitet wird.

FÜR 4 PERSONEN

4 Hähnchenschenkel ohne Haut, entbeint und in Streifen geschnitten*

Tikka-Paste

150 g Naturjoghurt
2 EL Zitronensaft
1 EL Knoblauch-Ingwer-Paste (s. S. 27)
1 EL Tomatenmark
2 TL Garam masala (s. S. 251)
Samen aus 2 schwarzen Kardamomkapseln
1/2 TL gemahlener Kreuzkümmel
1/2 TL gemahlener Koriander
1 TL Paprikapulver
1/2 TL Chilipulver
Salz

Zum Servieren

Eisbergsalat, in Streifen
Zitronenspalten

1 Für die Tikka-Paste Joghurt, Zitronensaft, Knoblauch-Ingwer-Paste, Tomatenmark, Garam masala, Kardamomsamen, Kreuzkümmel, Koriander, Paprika, Chilipulver und Salz in einer nicht metallischen Schüssel vermengen. Die Hähnchenstreifen zugeben und in der Gewürzpaste wenden, bis sie gut bedeckt sind. Bei Zimmertemperatur 30 Minuten durchziehen lassen oder abdecken und bis zu 24 Stunden kalt stellen.

2 Falls Sie Holzspieße verwenden, 4 Spießchen 20 Minuten in Wasser einweichen, damit sie im Ofen nicht anbrennen.

3 Den Backofengrill vorheizen. Das Hähnchenfleisch 15 Minuten vor dem Grillen aus dem Kühlschrank nehmen. Die Hähnchenstreifen auf 4 Holz- oder Metallspießchen stecken.

4 Hähnchenspieße auf einem geölten Rost auf der obersten Schiene 12–15 Minuten grillen, dabei ein- oder zweimal wenden und mit der restlichen Marinade bestreichen, bis das Fleisch knusprig gebräunt ist und beim Anstechen klarer Bratensaft austritt. Auf den Salatstreifen servieren, dazu Zitronenspalten reichen. Mit Naan und Chutney ist dies ein gehaltvoller erster Gang.

**Tipp*

Sie können das Gericht auch mit Hähnchenbrust- oder Lammfilet zubereiten. Lammfleisch möglichst lange, am besten über Nacht, marinieren.

Folgende Doppelseite *Dieser Gemischtwarenladen in Goa bietet alles, was das Herz begehrt.*

पनामा
रेग्युलर
तीव्र स्वाद, तीव्र लज्जत

HALL

Bananen-Chips
Kele ke Chips

Diese frittierten Leckerbissen aus Kerala sind schnell gemacht und äußerst verführerisch. In Südindien bereitet man sie aus den kleinen, grünen Bananen, die dort in Hülle und Fülle gedeihen und die auch hier in manchen indischen Lebensmittelläden erhältlich sind: Sie ähneln eher den Koch- als unseren Obstbananen. Servieren Sie die Bananenchips frisch frittiert mit einem Chutney zum Dippen.

FÜR 4 PERSONEN

4 reife Kochbananen*
1 TL mildes, mittelscharfes oder scharfes Currypulver (nach Belieben)
Pflanzen- oder Erdnussöl, zum Frittieren
frisch geraspelte Kokosnuss, zum Bestreuen (nach Belieben)

1 Die Kochbananen schälen und schräg in 3 mm dicke Scheiben schneiden. Die Scheiben in eine Schüssel geben, mit dem Currypulver bestreuen und von Hand darin wenden.

2 Das Öl zum Frittieren in einem Kadhai, einem Wok, einer Fritteuse oder einem großen Schmortopf auf 180 °C erhitzen (ein Brotwürfel bräunt darin in 30 Sekunden). Die Bananenscheiben portionsweise ins heiße Öl geben und ca. 2 Minuten frittieren, bis sie goldbraun sind.

3 Die Bananenchips mit einem Schaumlöffel aus dem Öl nehmen und auf Küchenpapier abtropfen lassen. Mit Kokosnuss bestreuen und sofort servieren.

Tipp

Sie können statt der Kochbananen auch normale Obstbananen nehmen, die dann etwas kürzer frittiert werden.

Ein Mann in einem festlichen Gewand mit einem flötenähnlichen Instrument

Paneer-Tikka
Paneer Tikka

Für viele Millionen Vegetarier in Indien ist der Paneer, ein fester weißer Frischkäse, der wichtigste Eiweißlieferant. Er hat wenig Eigengeschmack, weshalb man ihn z. B. wie hier mit einer scharf gewürzten Tikka-Paste zubereitet. Beides zusammen ergibt ein mäßig scharfes Gericht, das gut zu einem kühlen Bier passt.

FÜR 4 PERSONEN

350 g Paneer (s. S. 252), in 16 Würfel geschnitten
zerlassenes Ghee (s. S. 253) oder Pflanzen- bzw. Erdnussöl, zum Bestreichen
1 TL Garam masala (s. S. 251)
frische Korianderblätter, zum Garnieren

*Tikka-Paste**

10 schwarze Pfefferkörner
6 Gewürznelken
Samen aus 4 grünen Kardamomkapseln
1 TL Kreuzkümmelsamen
1 TL Koriandersamen
1/2 TL Mohnsamen
1/2 TL Chilipulver
1/2 TL gemahlene Kurkuma
2 EL Knoblauch-Ingwer-Paste (s. S. 27)
1/4 Zwiebel, gehackt
150 g Naturjoghurt
1/2 EL Tomatenmark
1 EL Kichererbsenmehl (Besanmehl)
1 EL Pflanzen- oder Erdnussöl

1 Für die Tikka-Paste Pfefferkörner, Gewürznelken, Kardamom-, Kreuzkümmel-, Koriander- und Mohnsamen in einer Pfanne bei starker Hitze unter ständigem Rühren erhitzen, bis sie zu duften beginnen. Dann sofort aus der Pfanne nehmen, damit sie nicht anbrennen.

2 Die Gewürze in einer Gewürzmühle oder einem Mörser mit Chilipulver und Kurkuma zu feinem Pulver zermahlen. Knoblauch-Ingwer-Paste und Zwiebel zugeben und alles zu einer glatten Paste verarbeiten. Diese Paste in einer großen Schüssel mit Joghurt, Tomatenmark, Kichererbsenmehl und Öl vermengen.

3 Den Paneer in die Schüssel geben und mit den Händen vorsichtig in der Paste wenden. Bei Zimmertemperatur 30 Minuten ziehen lassen oder mit Frischhaltefolie abdecken und bis zu 24 Stunden kalt stellen.

4 Falls Sie Holzspieße verwenden, 4 Spießchen 20 Minuten in Wasser einweichen, damit sie im Ofen nicht anbrennen.

5 Den Backofengrill vorheizen. Den Paneer 15 Minuten vor dem Grillen aus dem Kühlschrank nehmen. 4 Holz- oder Metallspieße einölen. Die Paneer-Würfel auf die Spieße stecken; dabei etwas Platz zwischen den Würfeln lassen.

6 Die Spieße auf der obersten Schiene 12–15 Minuten grillen, dabei einmal wenden und mit der restlichen Tikka-Paste bestreichen, bis die Käsewürfel knusprig gebräunt sind. Die heißen Spieße mit zerlassenem Ghee bestreichen, mit Garam masala bestreuen und mit Koriander garnieren.

**Tipp*

Wenn es schnell gehen soll, können Sie die Gewürze durch 2 Esslöffel fertiges Tandoori masala ersetzen, das Sie in indischen Lebensmittelläden bekommen. Dieses in Schritt 2 mit der Knoblauch-Ingwer-Paste vermengen und so fortfahren, wie beschrieben.

Diese Spießchen sind eine leckere Zwischenmahlzeit. Um ein Hauptgericht daraus zu machen, 2 rote und/oder gelbe Paprika grob würfeln, kurz in kochendem Wasser blanchieren und kalt abspülen. Den Paneer abwechselnd mit den Paprikastücken und kleinen Champignons auf die Spieße stecken.

Kartoffelküchlein mit Krebsfleisch

Kekra Tikki

Die pikanten Kartoffelküchlein, die traditionell zur Teezeit auf den häuslichen Tisch kommen, werden hier als mundgerechte Häppchen zubereitet, die man gut zu Cocktails, einem kühlen Bier oder einem erfrischenden Lassi reichen kann.

ERGIBT 14 STÜCK

2 große Kartoffeln, ca. 450 g, abgebürstet und halbiert

1/2 TL gemahlene Kurkuma

3 Frühlingszwiebeln, sehr fein gehackt

1 frische grüne Chili, entkernt und fein gehackt

1-cm-Stück frische Ingwerwurzel, gerieben

2 EL fein gehackter Koriander

fein abgeriebene Schale von 1 Zitrone

Saft von 2 Zitronen

200 g Krebsfleisch aus der Dose, abgetropft und zerkleinert*

Salz und Pfeffer

Pflanzen- oder Erdnussöl, zum Braten

Zum Servieren

Zitronen- oder Limettenspalten

Chutney oder Raita

1 Die ungeschälten Kartoffeln in einem großen Topf mit Wasser gar kochen. Abgießen, etwas abkühlen lassen und pellen.

2 Die Kartoffeln in einer großen Schüssel mit dem Kartoffelstampfer oder der Gabel grob zerdrücken. Die Kurkuma untermengen, dann Frühlingszwiebeln, Chili, Ingwer und Koriander sowie Zitronenschale und -saft nach Belieben unterrühren. Das Krebsfleisch zugeben und mit den Händen gründlich untermengen. Mit Salz und Pfeffer abschmecken.

3 Mit angefeuchteten Händen 14 Bällchen aus dem Kartoffelteig formen und diese zu ca. 1 cm dicken Küchlein von ca. 4 cm Durchmesser flach drücken.

4 Etwas Öl in einem Kadhai, einem Wok oder einer großen Pfanne auf mittlerer Stufe erhitzen. So viele Kartoffelküchlein hineingeben, wie gut in die Pfanne passen, und ca. 4 Minuten ausbacken, bis sie rundum goldbraun sind. So fortfahren, bis alle Kartoffelküchlein fertig gebacken sind.

5 Die Kartoffelküchlein heiß oder warm servieren, dazu Zitronen- oder Limettenspalten und Chutney oder Raita zum Dippen reichen.

**Variation*

Sie können statt des Krebsfleisches auch Lachs oder Thunfisch aus der Dose nehmen.

Fischer vor der Küste von Kochi in Südindien

Zwiebel-Tomaten-Salat
Cachumber

Dieser beliebte indische Salat wird in dieser oder ähnlicher Form in vielen Restaurants angeboten. Zusammen mit Chapatis (s. S. 236) ist er eine leichte Mahlzeit; er eignet sich auch als ideale Beilage zu Lamm-Biryani (s. S. 126) oder Tandoori-Gerichten. Man sollte ihn jedoch nur mit wirklich aromatischen, sonnengereiften Tomaten zubereiten.

FÜR 4–6 PERSONEN

3 Tomaten, entkernt und fein gewürfelt

1 große Zwiebel, fein gehackt

3 EL frisch gehackter Koriander, plus etwas mehr zum Garnieren

1–2 frische grüne Chillies, entkernt, in sehr feinen Ringen*

2 EL Zitronensaft

1 TL Salz

1 Prise Zucker

Pfeffer

1 Tomaten, Zwiebel, Koriander und Chillies in eine Schüssel geben. Zitronensaft, Salz, Zucker und nach Belieben Pfeffer zugeben und alles behutsam vermengen. Abdecken und mindestens 1 Stunde kalt stellen.

2 Den Salat unmittelbar vor dem Servieren noch einmal vorsichtig durchmengen und mit Zitronensaft, Salz und Pfeffer abschmecken. In eine Servierschüssel geben und mit etwas frischem Koriander garnieren.

**Tipp*

Die beißende Schärfe der Chillies, die so heftig auf der Zunge brennt, ist auf den Inhaltsstoff Capsaicin in den Kernen und den Rippen der Frucht zurückzuführen. Wenn Sie die Chili entkernen, wird die Schärfe etwas gemildert, sodass man ihr Aroma besser genießen kann. Zum Entkernen die Chili mit einem kleinen, scharfen Messer über die ganze Länge aufschlitzen und dann Kerne und Rippen mit der Messerspitze herauslösen.

Gujarat-Karottensalat

Gajar Nu Salat

Die im nordwestindischen Gujarat angebauten Karotten haben einen besonders kräftigen orangeroten Farbton.

FÜR 4–6 PERSONEN

450 g Karotten, geschält

1 EL Pflanzen- oder Erdnussöl

1/2 EL schwarze Senfsamen

1/2 EL Kreuzkümmelsamen

1 frische grüne Chili, entkernt und gehackt

1/2 TL Zucker

1/2 TL Salz

1 Prise gemahlene Kurkuma

1 1/2–2 EL Zitronensaft

1 Die Karotten grob raspeln, in eine Schüssel geben und beiseite stellen.

2 Das Öl in einem Kadhai, einem Wok oder einer großen Pfanne auf mittlerer Stufe erhitzen. Die Senf- und Kreuzkümmelsamen hineingeben und unter Rühren anbraten, bis die Senfsamen platzen. Dann die Pfanne sofort vom Herd nehmen und Chili, Zucker, Salz und Kurkuma unterrühren. Die Gewürzmischung ca. 5 Minuten abkühlen lassen.

3 Die warme Gewürzmischung mit dem Öl über die Karotten gießen und den Zitronensaft dazugeben. Alles gut vermengen, abschmecken und abgedeckt mindestens 30 Minuten kalt stellen. Den Salat vor dem Servieren noch einmal gut durchmengen.

Malabar-Krebsfleischsalat
Eguru Kosumalli

Die prächtigsten Villen von Mumbai befinden sich auf dem Malabar-Hügel, einer Oase hoch über der lärmenden Geschäftigkeit des Stadtzentrums mit fantastischem Blick auf das Meer. Dieser Salat ist typisch für die Erfrischungen, die sich die feinen Damen und Bollywood-Stars der Stadt auf schattigen, palmengeschmückten Veranden schmecken lassen.

FÜR 4–6 PERSONEN

350 g weißes Krebsfleisch, gekocht
3 Frühlingszwiebeln, fein gehackt
2 EL grob gehackte Korianderblätter
2 EL grob gehackte Minzeblätter
Salz und Pfeffer
2 Mangos, fein gewürfelt*
frische Korianderzweige, zum Garnieren
Limettenspalten, zum Servieren

Dressing
60 g Kokoscreme
4 EL kochend heißes Wasser
1 frische rote Chili, entkernt und fein gehackt
fein abgeriebene Schale und Saft von 1 Limette

1 Für das Dressing die Kokoscreme in eine große hitzebeständige Schüssel bröckeln und nach und nach so viel kochend heißes Wasser einrühren, dass sie dickflüssig wird. Chili und Limettenschale unterrühren und das Dressing mit dem Limettensaft abschmecken. Vollständig abkühlen lassen.

2 Das Krebsfleisch und die Frühlingszwiebeln unter das abgekühlte Dressing heben, abdecken und kalt stellen.

3 Kurz vor dem Servieren Koriander und Minze unter den Salat heben. Nach Belieben mit etwas zusätzlichem Limettensaft und mit Salz und Pfeffer abschmecken. Die Mangos zugeben und alles gut vermengen. Mit Korianderzweigen garniert auf Tellern servieren; dazu Limettenspalten reichen.

**Tipp*
Um eine Mango zu zerlegen, die ungeschälte Mango mit einer Hand auf der Arbeitsfläche festhalten und die eine Seite der Frucht mit einem scharfen Messer möglichst knapp am Stein vorbei abschneiden. Das Gleiche auf der anderen Seite wiederholen. Das Fleisch jeder Hälfte gitterförmig bis auf die Schale einschneiden, dann von unten gegen die Schale drücken, um das Fleisch auszustülpen, und die Mangowürfel abschneiden. Zuletzt das Fleisch des Mittelteils sauber vom Stein abschneiden.

Kichererbsen-Chili-Salat

Chatpate Channe

Für die Sikhs im Punjab sind getrocknete Kichererbsen ein winterliches Grundnahrungsmittel. Dieser vielseitige Kichererbsensalat kann als leichte Vorspeise oder mit verschiedenen Broten und Raitas als Bestandteil einer vegetarischen Mahlzeit serviert werden.

FÜR 4–6 PERSONEN

4 EL Naturjoghurt
1/2 rote Zwiebel, sehr fein gehackt
1/2 frische rote Chili, in feinen Ringen (nach Belieben entkernt)
400 g Kichererbsen aus der Dose, abgespült und sehr gut abgetropft*
2 TL Pflanzen- oder Erdnussöl
2 TL Kreuzkümmelsamen
2 TL schwarze Senfsamen
1 Prise gemahlenes Asant
1 TL Zitronensaft
Salz und Pfeffer
frisch gehackte Minze, zum Garnieren

1 Joghurt, Zwiebel und Chili in einer Schüssel verrühren. Die Kichererbsen unterrühren und beiseite stellen.

2 Das Öl in einem Kadhai, einem Wok oder einer großen Pfanne auf mittlerer Stufe erhitzen. Kreuzkümmel- und Senfsamen sowie Asant zugeben und 1–2 Minuten unter Rühren anrösten, bis die Samen platzen.

3 Dann die heißen Samen sofort zu den Kichererbsen geben und gut unterrühren. Mit Zitronensaft, Salz und Pfeffer abschmecken. Der Salat kann sofort serviert oder abgedeckt bis zu 24 Stunden im Kühlschrank aufbewahrt werden. Vor dem Servieren mit frisch gehackter Minze garnieren.

Tipp

Sie können diesen würzigen Salat auch mit getrockneten Kichererbsen zubereiten. 200 g getrocknete Kichererbsen über Nacht in reichlich Wasser einweichen. Kichererbsen abgießen, in einen großen Topf mit so viel Wasser geben, dass sie gut bedeckt sind, und zum Kochen bringen. 10 Minuten sprudelnd kochen, dabei das Wasser nach Bedarf abschäumen, dann die Hitze reduzieren und die Kichererbsen 1–1 1/2 Stunden köcheln (je älter sie sind, desto länger brauchen sie, um weich zu werden). Kein Salz zugeben, bevor die Kichererbsen gar sind. Dann abgießen, abkühlen lassen und zu der Joghurtmischung in Schritt 1 des Rezepts geben.

Mulligatawny-Suppe
Mullagatanni

Dieser gehaltvolle Klassiker aus der Kolonialzeit steht heute noch auf den Speisekarten vieler Restaurants in ganz Indien. Der Name ist eine Verballhornung des tamilischen „Milagu Tannir" – „Pfefferwasser". Da die indische Küche kaum Suppen kannte, kreierten die Briten diese Version durch Abwandlung der tamilischen Rassam-Brühe (s. S. 71).

FÜR 4–6 PERSONEN

40 g Ghee (s. S. 253) oder 3 EL Pflanzen- oder Erdnussöl
2 große Knoblauchzehen, zerdrückt
2 Karotten, gewürfelt
2 Selleriestangen, klein geschnitten
1 große Zwiebel, fein gehackt
1 großer Dessertapfel, geschält, entkernt und fein gewürfelt
1 EL Kichererbsen- oder Weizenmehl
1–2 TL mildes, mittelscharfes oder scharfes Currypulver (nach Belieben)
2 TL fertige Currypaste
1/2 TL gemahlener Koriander
1,2 l Gemüse-, Lamm- oder Hühnerbrühe
2 große Tomaten, gewürfelt
Salz und Pfeffer
60 g gekochter Basmatireis (nach Belieben)
100 g gekochtes Rind, Lamm oder Huhn ohne Haut, gewürfelt
frisch gehackter Koriander, zum Garnieren

1 Das Ghee oder Öl in einem großen Topf auf mittlerer Stufe erhitzen. Knoblauch, Karotten, Sellerie, Zwiebel und Apfel zugeben und unter Rühren 5–8 Minuten anbraten, bis die Zwiebel gerade zu bräunen beginnt.

2 Mehl, Currypulver, Currypaste und Koriander einrühren und unter Rühren 1 Minute mitgaren.

3 Die Brühe unterrühren und zum Kochen bringen. Die Tomaten zugeben, mit Salz und Pfeffer abschmecken, dann bei reduzierter Hitze abgedeckt 45 Minuten köcheln, bis das Gemüse und der Apfel sehr weich sind.

4 Die Suppe etwas abkühlen lassen und im Mixer oder in der Küchenmaschine pürieren. Dann mit einem Holzlöffel durch ein Sieb in den ausgespülten Topf passieren. Die im Sieb verbliebenen Reste wegwerfen.

5 Den Reis (nach Belieben) und das Fleisch unterrühren. Die Suppe noch einmal aufkochen, dann 5 Minuten köcheln, um das Fleisch zu erwärmen. In Tellern anrichten und mit Koriander garnieren.

Einer der unzähligen Tempeltürme in der heiligen Ruinenstadt Hampi in Südindien, die über tausend Tempel beherbergt.

Rassam

Rasam

Diese traditionelle, leichte Brühe aus Tamil Nadu war die Grundlage, auf der britische Köche die beliebte Mulligatawny-Suppe (s. S. 68) kreierten. Wenn man die Kerne der Chili mitkocht, bekommt die Suppe ihre authentische Schärfe.

FÜR 4–6 PERSONEN

1 1/2 EL Senföl
30 g Tamarindenpaste
1,2 l heißes Wasser
1 große Zwiebel, gehackt
4 große Knoblauchzehen, gehackt
1 frische rote Chili, gehackt
4 große Tomaten, entkernt und gewürfelt
1 TL gemahlener Kreuzkümmel
1 EL Tomatenmark (nach Belieben)
1 EL schwarze Senfsamen
Salz und Pfeffer
frische Korianderblätter, zum Garnieren

1 1 Esslöffel Senföl in einem großen Topf auf hoher Stufe erhitzen, bis es zu rauchen beginnt. Den Topf vom Herd nehmen und das Öl abkühlen lassen. Inzwischen die Tamarindenpaste in eine Schüssel geben und 200 ml des heißen Wassers einrühren, bis die Paste gut aufgelöst ist.

2 Zwiebel, Knoblauch und Chili in der Gewürzmühle oder im Mörser zu einer Paste vermahlen.

3 Den Topf zurück auf den Herd stellen und das Senföl wieder auf mittlerer Stufe erhitzen. Die Zwiebelpaste zugeben und unter Rühren 2 Minuten anbraten. Tomaten, Kreuzkümmel, Tamarindenflüssigkeit und das restliche Wasser unterrühren.

4 Die Suppe einmal aufkochen und dann bei reduzierter Hitze abgedeckt 5 Minuten köcheln. Abschmecken und Tomatenmark unterrühren, falls Aroma oder Farbe der Tomaten nicht kräftig genug sind.

5 Inzwischen das restliche Senföl in einer Pfanne erhitzen. Die Senfsamen darin unter Rühren 1–2 Minuten anbraten, bis sie platzen. Senfsamen sofort aus der Pfanne zum Abtropfen auf Küchenpapier geben und beiseite stellen.

6 Die Suppe etwas abkühlen lassen, dann im Mixer oder in der Küchenmaschine glatt pürieren. Mit einem Holzlöffel durch ein Sieb in den ausgespülten Topf passieren. Die im Sieb verbliebenen Tomatenkerne und -schalen wegwerfen.

7 Die Suppe noch einmal erhitzen und mit Salz und Pfeffer abschmecken. In Schüsseln geben, mit den Senfsamen bestreuen, mit Koriander garnieren und servieren.*

**Tipp*
Nach tamilischer Art auf Reis serviert, ergibt diese Suppe eine leichte, vegetarische Mahlzeit.

Joghurtsuppe mit Kurkuma
Haldi Dahi ka Shorba

Ihr kräftiges Gelb verdankt diese cremige, vegetarische Suppe der Kurkuma, die vielen indischen Gerichten ihre unverwechselbare Farbe verleiht. Die auf den großen Gewürzplantagen Südindiens angebaute Kurkuma kommt nicht nur in der Küche zum Einsatz, sondern findet auch in der Medizin Verwendung als Antiseptikum.

FÜR 4–6 PERSONEN

60 g Kichererbsenmehl (Besanmehl)
1 TL gemahlene Kurkuma
1/4 TL Chilipulver
1/2 TL Salz
400 g Naturjoghurt
30 g Ghee (s. S. 253) oder 2 EL Pflanzen- oder Erdnussöl
700 ml Wasser

*Garnierung**

10 g Ghee (s. S. 253) oder
1/2 EL Pflanzen- oder Erdnussöl
3/4 TL Kreuzkümmelsamen
1/2 TL schwarze Senfsamen
1/2 TL Bockshornkleesamen
4–6 frische rote Chillies, je nach Anzahl der Portionen

1 Kichererbsenmehl, Kurkuma, Chilipulver und Salz in einer großen Schüssel mischen. Den Joghurt mit einem Schneebesen oder einer Gabel so gründlich unterrühren, dass keine Klümpchen bleiben.

2 Das Ghee in einem Kadhai, einem Wok oder einem Schmortopf auf mittlerer Stufe erhitzen. Zuerst die Joghurtmischung, dann nach und nach das Wasser unterrühren. Alles kurz aufkochen, dann die Hitze reduzieren und die Suppe auf niedrigster Stufe unter häufigem Umrühren 8 Minuten köcheln, bis sie etwas eindickt. Mit Salz abschmecken.

3 Für die Garnierung das Ghee in einem kleinen Topf zerlassen. Kreuzkümmel-, Senf- und Bockshornkleesamen zugeben und unter Rühren erhitzen, bis die Samen platzen. Die Chillies zugeben, den Topf vom Herd nehmen und 30 Sekunden rühren, bis die Chillies Blasen werfen (Vorsicht: wenn sie frisch sind, können sie platzen und hochspringen).

4 Die Suppe in Schalen geben und vor dem Servieren mit den gerösteten Gewürzen und dem gebräunten Ghee garnieren.

**Tipp*

Statt der gebratenen Gewürze können Sie auch einen Löffel Koriander-Chutney (s. S. 245) als Garnierung auf jede Suppenportion geben.

GEMÜSE-GERICHTE

Da in Indien mehr Vegetarier als irgendwo sonst auf der Welt leben, dürfte es kaum überraschen, dass die fleischlose Küche Indiens von beispielloser Vielfalt ist. Frisches Gemüse und Obst, Hülsenfrüchte, Getreide, Nüsse, Samen und Milchprodukte bilden die Grundlage zahlloser ausgewogener Mahlzeiten.

Der Reichtum der vegetarischen Küche Indiens hat sich im Laufe von Jahrhunderten entwickelt. Viele der unzähligen Religionen und Philosophien Indiens spiegeln sich in der vegetarischen Kost wider. Obwohl der Hinduismus nur den Verzehr von Rindfleisch untersagt, verzichten Millionen von Hindus ganz auf Fleisch, während die Dschainas und Buddhisten, denen alles Leben heilig ist, ohnehin kein Fleisch essen. Millionen leben nach den uralten Traditionen der Ayurveda, die Gesundheit durch Kräuterheilmittel und vegetarische Ernährung predigt. Zudem ernähren sich viele Inder vegetarisch, weil sie sich Fleisch einfach nicht leisten können.

Zwischen den kulinarischen Traditionen Nord- und Südindiens gibt es wenig Gemeinsamkeiten, doch eine davon ist ihre hervorragende vegetarische Esskultur. Wo immer man in Indien auch hinkommt, überall stehen stets viele fleischlose Gerichte zur Auswahl.

Indiens Gemüsemärkte sind farbenprächtige Präsentation erntefrischer Produkte. Da Kühltransporter Mangelware sind und ein zusammenhängendes Schnellstraßen- oder Eisenbahnnetz nicht existiert, besteht das Angebot meist aus lokalen Saisonprodukten. Als Transportbehälter und Auslage dienen dabei große, flache, randvoll mit einem einzigen Produkt gefüllte Körbe, aus denen adleräugige Köche sich die besten Exemplare heraussuchen.

Wo immer man in Indien auch hinkommt, überall stehen stets viele fleischlose Gerichte zur Auswahl.

Daals sind überall in Indien ein wichtiger Bestandteil vegetarischer Mahlzeiten. Der Begriff „Daal" bezeichnet sowohl die Hülsenfrüchte selbst (getrocknete Linsen, Bohnen und Erbsen, oft geschält und halbiert) als auch die aus ihnen zubereiteten Gerichte. Daals sind preiswerte Grundlage zahlreicher vegetarischer Gerichte und ausgezeichnete, fettarme Lieferanten von Ballaststoffen und Eiweiß. Viele der in Indien beliebtesten Daal-Sorten erfordern weder vorheriges Einweichen noch lange Garzeiten. Daal Roti – „Hülsenfrüchte und Brot" – sind alltägliche Lebensgrundlage für Millionen Inder.

Die Vielfalt der in indischen Lebensmittelläden angebotenen Daal-Sorten und ihre teils widersprüchliche Etikettierung kann den Nicht-Eingeweihten verwirren. Zu den in diesem Buch verwendeten Daals gehören Chana Daal (halbierte gelbe Linsen), Masoor Daal (halbierte rote Linsen), Urid Daal Chilke (halbierte schwarze Linsen), Urid Daal Sabut (ganze schwarze Linsen) und Kabuli Chana (ganze weiße Kichererbsen).

Das Geschick, mit dem indische Köche Hülsenfrüchte von fadem Eigengeschmack und eher unansehnlicher Erscheinung in Gerichte von verführerischer Aromafülle und unterschiedlichster Konsistenz verwandeln, ist bewundernswert. Unmittelbar vor dem Servieren wird Tarka – eine Gewürzmischung aus heißem Öl mit gebratenen Gewürzen und Kräutern – über die Daals gegossen, um das Linsen-, Bohnen- oder Erbsengericht so „zum Leben zu erwecken".

STUDIO

So hat jede indische Region ihre eigenen köstlichen vegetarischen Klassiker zu bieten.

Ein weiteres charakteristisches Element der vegetarischen Küche Indiens ist der Paneer (s. S. 252), ein fester weißer Frischkäse. Er hat wie Tofu wenig Eigengeschmack, nimmt aber die Aromen anderer Zutaten, mit denen er gegart wird, besonders gut auf. So sind etwa Paneer-Tikka (s. S. 60) und Erbsen mit Paneer (s. S. 100) zwei geschmacklich ganz unterschiedliche Paneer-Zubereitungen.

Gujarat, der westlichste indische Bundesstaat am Arabischen Meer, ist Heimat einer großen Dschaina-Gemeinde, die weder Zwiebeln noch Knoblauch verwendet, und gilt als Ursprungsregion einer verfeinerten vegetarischen Küche. Zu ihr gehören etwa die Khandvi-Teigröllchen (s. S. 47) mit bunter Tarka-Gewürzmischung, das Reis- und Linsengericht Kitchri (s. S. 117), aus dem anglo-indische Köche das berühmte Kedgeree erschufen, und die Blumenkohl-Pakoras auf Seite 42.

So hat jede indische Region ihre eigenen köstlichen vegetarischen Klassiker zu bieten: Seien es Würziger Kürbis mit Kokosnuss (s. S. 88) aus Westbengalen, Saambhar (s. S. 82) aus dem Süden, Aloo Gobi (s. S. 103) aus dem Norden oder Auberginen mit Tomaten (s. S. 94) aus Maharashtra.

Ebenso eignen sich Rezepte aus anderen Kapiteln gut zur Zusammenstellung vegetarischer Mahlzeiten, die den ganzen Aromareichtum Indiens widerspiegeln, so z. B. Raita-Kartoffeln (s. S. 52), Rassam (s. S. 71), Joghurtsuppe mit Kurkuma (s. S. 72) und die Rezepte aus den Kapiteln Süßspeisen & Getränke und Beilagen. Die Portionsgrößen aller Rezepte in diesem Kapitel sind für Hauptgerichte berechnet.

Links *Da häufig Kühlschränke fehlen, bleibt den indischen Markthändlern nur der Schatten, um ihre Produkte frisch zu halten.*

Folgende Doppelseite *Fischer bei ihrer täglichen Arbeit*

Saambhar
Sambhar

Dieses leichte, suppenartige Linsencurry aus Tamil Nadu ist vielleicht das typischste Gericht des indischen Südens. Die große Mehrzahl der vegetarischen Bewohner der Region nimmt tagtäglich die eine oder andere Version dieses Gerichts zu sich – oft schon zum Frühstück mit Idlis – gedämpften Reiskuchen. Auch Chapatis (s. S. 236) passen gut dazu.

FÜR 4–6 PERSONEN

250 g Masoor Daal (halbierte rote Linsen), abgespült

175 g neue Kartoffeln, abgebürstet und fein gewürfelt

1 große Karotte, fein gewürfelt

1 grüne Paprika, fein gewürfelt

1 l Wasser

1/4 TL gemahlene Kurkuma

1/4 TL gemahlenes Asant

1 EL Tamarindenpaste oder Tamarinden-Chutney (s. S. 249)

Salz

*Sambar masala**

3 getrocknete rote Chillies, entstielt

2 EL Koriandersamen

2 TL Kreuzkümmelsamen

2 TL schwarze Senfsamen

1 TL schwarze Pfefferkörner

1 TL Bockshornkleesamen

3 Gewürznelken

1/4 TL gemahlene Kurkuma

1/2 TL gemahlenes Asant

1 1/2 TL Pflanzen- oder Erdnussöl

1 1/2 EL Chana Daal (halbierte gelbe Linsen)

1 EL Kokosflocken

1 1/2 EL Urid Daal Chilke (halbierte schwarze Linsen)

Garnierung

1 1/2 EL Pflanzen- oder Erdnussöl

12 frische oder 1 EL getrocknete Curryblätter

2 getrocknete rote Chillies

1 TL schwarze Senfsamen

1 Die Masoor Daal in einer Schüssel mit Wasser bedecken und 30 Minuten einweichen. Zwischendurch das Wasser einmal wechseln.

2 Für das Sambar masala einen Kadhai, einen Wok oder eine große Pfanne auf mittlerer Stufe erhitzen. Chillies, Koriander-, Kreuzkümmel- und Senfsamen, Pfefferkörner, Bockshornkleesamen und Gewürznelken unter ständigem Rühren anrösten, bis sie zu duften beginnen und die Samen sich verfärben, aber nicht anbrennen. Kurkuma und Asant unterrühren und die Gewürze sofort in eine Schüssel umfüllen.

3 Die Pfanne zurück auf den Herd stellen und das Öl darin erhitzen. Chana Daal, Kokosflocken und Urid Daal Chilke unter Rühren ca. 1 Minute leicht bräunen. Zu den Gewürzen geben.

4 Die Gewürzmischung vollständig abkühlen lassen und dann in der Gewürzmühle oder im Mörser zu feinem Pulver zermahlen.

5 Die Masoor Daal abgießen. Linsen, Kartoffeln, Karotte und Paprika in einen Kadhai, einen Wok oder eine große Pfanne geben, mit dem Wasser bedecken und dieses zum Kochen bringen. Das Wasser nach Bedarf abschäumen, die Hitze auf niedrigste Stufe reduzieren, Kurkuma und Asant unterrühren und die Pfanne halb abdecken. Unter gelegentlichem Rühren 15–20 Minuten

köcheln, bis Gemüse und Linsen gar sind, die Linsen aber noch nicht zerfallen.

6 Die Tamarindenpaste und 2 Teelöffel Sambar masala unterrühren. Mit weiterem Masala und Salz abschmecken. Das Gericht während der Zubereitung der Garnierung bei schwacher Hitze weiterköcheln.

7 Für die Garnierung das Öl in einem großen Topf auf hoher Stufe erhitzen. Curryblätter, Chillies und Senfsamen hineingeben und unter Rühren kurz anbraten. Vorsicht: Spritzgefahr. Die Linsen in eine Servierschüssel geben und mit dem heißen Gewürzöl übergießen.

**Tipp*

Im Gegensatz zu Garam masala, der wichtigsten Gewürzmischung der nordindischen Küche, die mit „warmen" Gewürzen zubereitet wird, besteht Sambar masala aus so genannten „kühlen" Gewürzen, welche die südindische Hitze lindern sollen. Es lässt sich nicht gut in kleinen Mengen zubereiten, aber Sie können das restliche Masala in einem dicht verschlossenen Behälter bis zu 4 Monate aufbewahren, um damit Gemüse- und Linsengerichte zu würzen und anzudicken. Wenn Ihnen die Herstellung zu aufwändig ist, können Sie in indischen Lebensmittelläden auch fertiges Sambar masala bekommen.

Dosa Masala
Masala Dosa

Dieser beliebteste aller südindischen Snacks ist eine sättigende vegetarische Schlemmerei: Dünne, knusprige Dosas (s. S. 243) werden mit einer würzigen Kartoffel-Tamarinden-Mischung gefüllt, die sofort auf die südindische Herkunft des Gerichts schließen lässt. Dosa Masala wird traditionell auch als Frühstück serviert. Wenn Sie die Dosas selbst machen, sollten Sie die Linsen und den Reis schon am Vortag einweichen und den Teig früh genug zubereiten, damit er Zeit zum Fermentieren hat. Sie können stattdessen auch eine Packung Dosa-Teigmischung im indischen Lebensmittelladen kaufen, doch das Ergebnis ist nicht ganz so köstlich.

ERGIBT 8 STÜCK

3 EL Senföl*
2 TL schwarze Senfsamen
12 frische oder 1 EL getrocknete Curryblätter
3 frische grüne Chillies, entkernt und gehackt
1 1/2 große Zwiebeln, gehackt
1/2 TL gemahlene Kurkuma
750 g neue Kartoffeln, abgebürstet und fein gewürfelt
Salz
450 ml Wasser
1/2–1 EL Tamarindenpaste oder Tamarinden-Chutney (s. S. 249)
20 g Kokoscreme, geraspelt und in 1 EL kochend heißem Wasser aufgelöst
frisch gehackter Koriander
8 Dosas (s. S. 243), warm gehalten
verschiedene Chutneys, zum Servieren

1 Das Senföl in einer großen Pfanne oder einem Topf mit geschlossenem Deckel auf hoher Stufe erhitzen, bis es zu rauchen beginnt. Den Herd abschalten und das Öl vollständig abkühlen lassen.

2 Das Senföl erneut auf mittlerer Stufe erhitzen. Die Senfsamen zugeben und rühren, bis sie platzen. Curryblätter, Chillies und Zwiebeln zugeben und unter häufigem Rühren 5–8 Minuten mit anbraten, bis die Zwiebeln glasig sind.

3 Die Kurkuma unterrühren, dann die Kartoffeln und eine Prise Salz zugeben. Das Wasser zugießen und zum Kochen bringen. Die Hitze reduzieren und das Ganze abgedeckt auf niedrigster Stufe 12–15 Minuten köcheln, bis die Kartoffeln sehr weich sind und fast zerfallen und das Wasser größtenteils eingekocht ist. Tamarindenpaste und Kokoscreme unterrühren, mit etwas Salz abschmecken und den Koriander unterheben.

4 Jedes Dosa hat eine glattere, knusprig braune und eine hellere, gefleckte Seite. Jeweils ein Achtel der Füllung auf die hellere Seite des Dosa geben und dieses um die Füllung wickeln. So fortfahren, bis alle Dosas gefüllt sind. Heiß oder warm abgekühlt mit einer Auswahl von Chutneys servieren.

**Tipp*

Sie können das Senföl auch durch Pflanzen- oder Erdnussöl ersetzen; in diesem Fall entfällt der erste Zubereitungsschritt.

Scharfes Tomaten-Raita

Tamatar ka Raita

Dieses farbenfrohe und intensiv duftende Currygericht ist eine Art warmes Raita, die sehr gut zu gekochtem Basmatireis passt. Die Verwendung mehrerer Chilisorten weist darauf hin, dass es möglicherweise aus der Gegend um Chennai stammt. Die würzige Schärfe lässt sich auf Wunsch durch Entkernen der grünen Chillies etwas mildern: Je mehr Kerne mitgegart werden, desto schärfer wird das Gericht.

FÜR 4–6 PERSONEN

2 EL Pflanzen- oder Erdnussöl
1 TL Senfsamen
200 g Schalotten, fein gehackt
1 EL Knoblauch-Ingwer-Paste (s. S. 27)
12 frische oder 1 EL getrocknete Curryblätter
2 getrocknete rote Chillies
2 frische grüne Chillies, gehackt (nach Belieben entkernt)
1/2 TL gemahlener Koriander
1/2 TL gemahlene Kurkuma
8 große, feste, reife Tomaten (ca. 600 g), gewürfelt
1 1/2 EL Tomatenmark
300 g Naturjoghurt*
Salz
frisch gehackte Minze und ein Minzezweig, zum Garnieren

1 Das Öl in einem Kadhai, einem Wok oder einer großen Pfanne auf mittlerer Stufe erhitzen. Die Senfsamen zugeben und so lange rühren, bis sie platzen.

2 Schalotten und Knoblauch-Ingwer-Paste zugeben und ca. 5 Minuten mitrühren, bis sich die Schalotten goldgelb färben.

3 Curryblätter, getrocknete Chillies, grüne Chillies, Koriander und Kurkuma zugeben, die Hitze reduzieren und alles 30 Sekunden rühren.

4 Tomaten und Tomatenmark zugeben und alles ca. 5 Minuten unter gelegentlichem Rühren garen, ohne dass die Tomaten dabei völlig zerfallen.

5 Die Pfanne vom Herd nehmen. Den Joghurt nach und nach zugeben und gut unterrühren. Das Gericht mit Salz abschmecken. Die Pfanne abdecken und 2–3 Minuten ruhen lassen, dann noch einmal vorsichtig durchrühren. Mit frischer Minze garnieren.

**Tipp*

Manche Sorten Joghurt schmecken säuerlicher als andere. Wenn Ihnen das Gericht zu sauer ist, können Sie etwas braunen Rohrzucker untermischen.

Würziger Balti-Kohl

Bhuni Pattagobhi

Ein schnelles Pfannengericht nach Art der Balti-Küche.

FÜR 4 PERSONEN

2 EL Pflanzen- oder Erdnussöl

1/2 EL Kreuzkümmelsamen

2 große Knoblauchzehen, zerdrückt

1 große Zwiebel, in feinen Ringen

600 g Wirsing, ohne Strunk, in feinen Streifen

150 ml Balti-Sauce (s. S. 155)

1/4 TL Garam masala (s. S. 251)

Salz

frisch gehackter Koriander, zum Garnieren

1 Das Öl in einem Kadhai, einem Wok oder einer großen Pfanne auf mittlerer Stufe erhitzen. Die Kreuzkümmelsamen zugeben und ca. 80 Sekunden rühren, bis sie zu bräunen beginnen.

2 Dann sofort den Knoblauch und die Zwiebel zugeben und unter häufigem Rühren in 5–8 Minuten goldgelb anbraten.

3 Den Wirsing* zugeben und ca. 2 Minuten mitrühren, bis er zusammenfällt. Die Balti-Sauce zugeben und unter Rühren aufkochen. Die Hitze reduzieren und alles 3–5 Minuten köcheln, bis der Wirsing gar ist.

4 Das Garam masala unterrühren und mit Salz abschmecken. Mit dem Koriander garnieren.

**Tipp*

Noch gehaltvoller wird das Gericht, wenn Sie in Schritt 3 mit dem Wirsing 400 g abgespülte und abgetropfte Kichererbsen aus der Dose zugeben.

Würziger Kürbis mit Kokosnuss

Kaddu aur Nariyal ki Sabzi

FÜR 4–6 PERSONEN

1/2 frische Kokosnuss (ca. 125 g Kokosfleisch)*

1 frische grüne Chili, entkernt und gehackt

1 1/2 TL Zucker

1 TL gemahlener Koriander

3/4 TL gemahlener Kreuzkümmel

1/4 TL Chilipulver

2 Lorbeerblätter

30 g Ghee (s. S. 253) oder 2 EL Pflanzen- oder Erdnussöl

600 g Kürbis, geschält, entkernt und grob geraspelt

1 TL Garam masala (s. S. 251)

1 Bei Verwendung einer frischen Kokosnuss mit Hammer und Nagel ein Loch in ein „Auge" der Kokosnuss schlagen und das Kokoswasser in eine Schüssel laufen lassen.

2 Das Kokoswasser abmessen und, falls notwendig, mit Wasser auf 250 ml auffüllen. Chili, Zucker, Koriander, Kreuzkümmel, Chilipulver und Lorbeerblätter unter die Kokosflüssigkeit rühren und beiseite stellen.

3 Die Kokosnuss mit dem Hammer aufschlagen, die Hälfte des Kokosfleischs herauslösen und grob raspeln oder in der Küchenmaschine grob zerkleinern (die andere Hälfte für ein anderes Rezept, wie z. B. das Kokos-Sambal auf S. 247, aufbewahren).

4 Das Ghee in einem Kadhai, einem Wok oder einer großen Pfanne bei mittlerer Hitze zerlassen. Den Kürbis zugeben und 1 Minute rühren. Die geraspelte Kokosnuss zugeben und rühren, bis die Mischung zu bräunen beginnt.

5 Das Kokoswasser unterrühren. Die Hitze erhöhen und alles unter Rühren weitergaren, bis nur noch ca. 4 Esslöffel Flüssigkeit übrig sind. Mit Garam masala bestreuen und weiterrühren, bis die Flüssigkeit vollständig verdampft ist.

**Tipp*

Die Kokosnuss vor dem Kauf schütteln. Wenn sie reichlich Kokoswasser enthält, ist sie frisch. Wenn keine frische Kokosnuss erhältlich ist, können Sie auch 125 g getrocknete Kokosflocken nehmen und statt des Kokoswassers 125 g Kokoscreme, in 250 ml kochend heißem Wasser aufgelöst.

Dieses würzige Frühstücksgericht ist nicht nur bei Parsen, sondern in ganz Südindien beliebt und eignet sich mit Fladenbrot auch als leckere Zwischenmahlzeit oder kleines Mittagessen.

Parsisches Rührei

Akoori

FÜR 4–6 PERSONEN

6–8 Eier

4 EL Schlagsahne oder Milch

1 Prise gemahlene Kurkuma

Salz und Pfeffer

30 g Ghee (s. S. 253) oder 2 EL Pflanzen- oder Erdnussöl

6 Frühlingszwiebeln, fein gehackt

2 frische grüne Chillies, entkernt und gehackt

1-cm-Stück Ingwerwurzel, sehr fein gehackt

2 Tomaten, entkernt und fein gewürfelt

4 EL frisch gehackter Koriander

Paratha-Fladen (s. S. 239), zum Servieren

1 Die Eier in eine kleine Schüssel aufschlagen und leicht verquirlen, dann die Sahne unterrühren und mit Kurkuma, Salz und Pfeffer abschmecken.

2 Das Ghee in einem Kadhai, einem Wok oder einer großen Pfanne bei mittlerer Hitze zerlassen. Frühlingszwiebeln, Chillies und Ingwer zugeben und alles 2–3 Minuten rühren, bis die Frühlingszwiebeln weich werden.

3 Die Tomaten zugeben und 30 Sekunden mitrühren. Die Eier und die Hälfte des Korianders zufügen und rühren, bis die Eimasse leicht zu stocken beginnt. Nach Belieben nochmals mit Salz und Pfeffer abschmecken. Mit dem restlichen Koriander garnieren und mit den Paratha-Fladen servieren.

Gemüse-Korma

Sabzi ka Korma

Dieses Schmorgericht aus gemischtem Gemüse verdankt seine milde Aromafülle der raffinierten Würzkunst der Mogul-Küche. Die üppige Sahnesauce ist zwar herzhaft gewürzt, kommt jedoch ohne Chillies aus und ist damit ideal für alle, die es nicht ganz so scharf mögen.

FÜR 4–6 PERSONEN

100 g Cashewkerne
1 1/2 EL Knoblauch-Ingwer-Paste (s. S. 27)
200 ml Wasser
60 g Ghee (s. S. 253) oder 4 EL Pflanzen- oder Erdnussöl
1 große Zwiebel, gehackt
5 grüne Kardamomkapseln, leicht zerstoßen*
1 Zimtstange, halbiert
1/4 TL gemahlene Kurkuma
250 g Crème double
150 g neue Kartoffeln, abgebürstet, in 1 cm großen Würfeln
150 g Blumenkohlröschen
1/2 TL Garam masala (s. S. 251)
150 g Aubergine, gewürfelt
150 g grüne Bohnen, in 1 cm langen Stücken
Salz und Pfeffer
frisch gehackte Minze- oder Korianderblätter, zum Garnieren

1 Einen Bräter oder eine große Pfanne mit dicht schließendem Deckel auf hoher Stufe erhitzen. Die Cashewkerne hineingeben und rühren, bis sie gerade zu bräunen anfangen, dann sofort herausnehmen.

2 Die Cashewkerne mit der Knoblauch-Ingwer-Paste und 1 Esslöffel Wasser in der Küchenmaschine zu einer grobkörnigen Paste verarbeiten.

3 Das Ghee in der Pfanne bei mittlerer Hitze zerlassen. Die Zwiebel zugeben und 5-8 Minuten anbraten, bis sie gebräunt ist.

4 Die Cashewkern-Paste zugeben und 5 Minuten unter Rühren mitbraten. Kardamomkapseln, Zimtstange und Kurkuma unterrühren.

5 Die Crème double und das restliche Wasser zugeben und unter Rühren aufkochen. Die Hitze reduzieren und alles auf niedrigster Stufe 5 Minuten köcheln.

6 Kartoffeln, Blumenkohl und Garam masala zugeben und abgedeckt 5 Minuten mitköcheln. Aubergine und grüne Bohnen zufügen und alles weitere 5 Minuten köcheln, bis das Gemüse gar ist. Gelegentlich umrühren, um sicherzugehen, dass die Sauce nicht am Pfannenboden ansetzt. Falls notwendig, mehr Wasser unterrühren.

7 Vor dem Servieren mit Salz und Pfeffer abschmecken und mit Minze oder Koriander garnieren.

**Tipp*

Entfernen Sie die Kardamomkapseln vor dem Servieren, denn sie schmecken bitter, wenn man darauf beißt.

Kichererbsen in würziger Tomatensauce

Chhole

Im Punjab isst man das ganze Jahr über Kichererbsen, die auch in vielen Festgerichten der Sikhs nicht fehlen dürfen. Hier werden sie als vielseitiger Salat zubereitet, den man als leichte Vorspeise oder als Bestandteil einer vegetarischen Mahlzeit mit verschiedenen Brotsorten und Raitas reichen kann.

FÜR 4–6 PERSONEN

6 EL Pflanzen- oder Erdnussöl
2 TL Kreuzkümmelsamen
3 große Zwiebeln, fein gehackt
2 TL Knoblauch-Ingwer-Paste (s. S. 27)
2 kleine, frische grüne Chillies, entkernt, in feinen Ringen
1 1/2 TL Mangopulver (Aamchoor)
1 1/2 TL Garam masala (s. S. 251)
3/4 TL gemahlenes Asant
1/2 TL gemahlene Kurkuma
1/4–1 TL Chilipulver
3 große, feste Tomaten (ca. 450 g), gerieben*
800 g Kichererbsen aus der Dose, abgespült und abgetropft
6 EL Wasser
300 g frischer Spinat, gewaschen
1/2 TL Salz

1 Das Öl in einem Kadhai, einem Wok oder einer großen Pfanne auf mittlerer Stufe erhitzen. Die Kreuzkümmelsamen darin 30 Sekunden rühren, bis sie bräunen und zu knistern beginnen. Vorsicht: Sie brennen leicht an.

2 Dann sofort Zwiebeln, Knoblauch-Ingwer-Paste und Chillies zugeben und unter häufigem Rühren 5–8 Minuten anbraten, bis die Zwiebeln gebräunt sind.

3 Mangopulver, Garam masala, Asant, Kurkuma und Chilipulver unterrühren. Die Tomaten in die Pfanne geben und unter häufigem Rühren mitgaren, bis sich alle Zutaten zu einer dickflüssigen Sauce verbinden und diese leicht zu bräunen beginnt.

4 Kichererbsen und Wasser unterrühren und zum Kochen bringen. Die Hitze auf niedrigste Stufe reduzieren und etwa ein Viertel der Kichererbsen mit einem Holzlöffel oder Kartoffelstampfer zerdrücken; den Rest ganz lassen.

5 Den Spinat mit dem daran haftenden Wasser in die Pfanne geben und unterrühren, bis sie zusammenfallen und gar sind. Mit Salz abschmecken und nach Belieben noch Gewürze zufügen.

**Tipp*

Tomaten zu reiben, ist eine praktische Methode, um die zähe Haut zu entfernen, ohne die Tomaten aufwändig häuten zu müssen: Die Tomaten halbieren und das Tomatenfleisch mit einer Gemüseraspel in eine Schüssel reiben, bis nur noch die Haut und der Stängelansatz übrig bleiben.

Auberginen mit Tomaten
Bharwan Baingan Tamatari

Diese Methode, ganze Auberginen einzuschneiden und mit einer dünnen Schicht würziger Füllung zwischen den Scheiben zu garen, stammt aus Maharashtra. Das Gericht eignet sich gut für Essenseinladungen, weil man den größten Teil der Arbeit im Voraus erledigen kann.

ERGIBT 4 STÜCK

4 kleine Auberginen von ca. 13 cm Länge
Ghee (s. S. 253) oder Pflanzen- oder Erdnussöl, zum Schmoren

Füllung

4 feste Tomaten, gerieben (s. Tipp S. 93)
2 Zwiebeln, gerieben
2 frische rote Chillies, gehackt (nach Belieben entkernt)
4 EL Zitronensaft
4 EL frisch gehackter Koriander
1 EL Knoblauch-Ingwer-Paste (s. S. 27)
1 1/2 EL gemahlener Koriander
2 TL gemahlener Kreuzkümmel
1 TL Fenchelsamen
1 TL gemahlene Kurkuma
1 TL Salz
Kichererbsenmehl (Besanmehl)

1 Für die Füllung Tomaten, Zwiebeln, Chillies, Zitronensaft, frischen Koriander, Knoblauch-Ingwer-Paste, gemahlenen Koriander, Kreuzkümmel, Fenchelsamen, Kurkuma und Salz in einer Schüssel vermengen. Die Füllung sollte nicht zu fest, aber doch so dickflüssig sein, dass sie nicht von den Auberginenscheiben fließt. Falls die Tomaten sehr saftig und die Füllung deshalb zu flüssig ist, bis zu 1 Esslöffel Kichererbsenmehl unterrühren.

2 Jede Aubergine längs in vier Scheiben schneiden, die jedoch am Stielende verbunden bleiben. Die Scheiben leicht auffächern und mit einem Löffel oder mit den Fingern bis an die Ränder mit der Füllung bestreichen. Dann die Scheiben vorsichtig aufeinander legen, sodass die Aubergine wieder ihre ursprüngliche Form erhält.*

3 In einem Bräter oder einer großen Pfanne mit dicht schließendem Deckel, in die alle Auberginen passen, so viel Ghee zerlassen, dass der Pfannenboden ca. 5 mm hoch bedeckt ist. Die Auberginen nebeneinander hineinlegen.

4 Den Deckel auflegen und die Auberginen auf niedrigster Stufe 15 Minuten schmoren, dann vorsichtig wenden. Mit aufgelegtem Deckel weitere 10–15 Minuten garen, bis die Auberginen weich sind – dies kann man durch Anstechen mit einem Spießchen oder Messer prüfen. Zwischendurch gelegentlich kontrollieren, ob die Auberginen am Pfannenboden anbacken. Falls notwendig, ein paar Esslöffel Wasser zugeben. Heiß oder warm servieren.

**Tipp*

Beim Anrichten auf Tellern die Auberginen dekorativ auffächern. Für ein Partybuffet schneidet man sie jedoch besser in 1 cm dicke Scheiben – wie eine geschichtete Gemüseterrine.

Folgende Doppelseite *Die Wüstenstadt Jodhpur in Rajasthan ist berühmt für ihre imposanten rötlichen Bauten.*

Spinat mit Paneer

Saag Paneer

Köche aus dem Punjab nahmen dieses Rezept mit, als sie Indien nach der Teilung des Landes verließen, und es ist heute ein beliebter Klassiker auf den Speisekarten vieler indischer Restaurants in aller Welt. Aber auch für die Millionen vegetarisch lebender Hindus in Nordindien ist dieses Gericht eine regelmäßige und wichtige Eiweißquelle. „Saag" ist ein Hindi-Wort für „Blattgemüse", und obwohl das Gericht außerhalb Indiens meist mit Spinat zubereitet wird, verwendet man in Indien oft auch Senfblätter, Blätter von Roter Bete oder was sonst gerade zur Hand ist.

FÜR 4 PERSONEN

80 g Ghee (s. S. 253) oder 6 EL Pflanzen- oder Erdnussöl
350 g Paneer (s. S. 252), in 1 cm großen Würfeln
1 1/2 EL Knoblauch-Ingwer-Paste (s. S. 27)
1 frische grüne Chili, gehackt (nach Belieben entkernt)
4 EL Wasser
1 Zwiebel, fein gehackt
600 g frischer Spinat, ohne Stiele, gewaschen
1/4 TL Salz
1/4 TL Garam masala (s. S. 251)
4 EL Crème fraîche
Zitronenspalten, zum Servieren

1 Das Ghee in einem Bräter oder einer großen Pfanne mit dicht schließendem Deckel bei mittlerer Hitze zerlassen. So viele Paneer-Würfel hineingeben, wie in einer Lage gut hineinpassen und ca. 5 Minuten von allen Seiten anbraten, bis die Würfel goldbraun sind. Paneer mit einem Schaumlöffel herausnehmen und auf Küchenpapier abtropfen lassen. So fortfahren, bis alle Paneer-Würfel gebraten sind. Falls notwendig, noch Ghee zugeben.

2 Die Knoblauch-Ingwer-Paste mit der Chili in einer Gewürzmühle oder im Mörser zu einer dicken Paste verarbeiten, dann das Wasser unterrühren.

3 Die Pfanne mit dem Ghee wieder erhitzen. Zwiebel und Knoblauch-Ingwer-Mischung zugeben und unter häufigem Rühren 5–8 Minuten andünsten, bis die Zwiebel glasig ist.

4 Den Spinat mit dem daran haftenden Wasser und das Salz zugeben und unterrühren, bis der Spinat zusammenfällt. Die Hitze reduzieren, den Deckel auflegen und den Spinat auf niedriger Stufe sehr weich köcheln.

5 Garam masala und Crème fraîche unterrühren. Den Paneer zurück in die Pfanne geben* und unter vorsichtigem Rühren miterwärmen. Das Gericht nochmals abschmecken und dann mit den Zitronenspalten servieren.

**Variation*

Sie können in Schritt 5 mit dem Paneer auch noch 1 oder 2 große, entkernte und gewürfelte Tomaten zum Spinat geben.

Erbsen mit Paneer
Mattar Paneer

Auch dieses in indischen Restaurants häufig angebotene Gericht stammt aus dem Punjab. Die süßlichen Erbsen sind eine gute Ergänzung zum deftigen Paneer.

FÜR 4 PERSONEN

80 g Ghee (s. S. 253) oder 6 EL Pflanzen- oder Erdnussöl
350 g Paneer (s. S. 252), in 1 cm großen Würfeln*
2 große Knoblauchzehen, gehackt
1-cm-Stück Ingwerwurzel, fein gehackt
1 große Zwiebel, in feinen Ringen
1 TL gemahlene Kurkuma
1 TL Garam masala (s. S. 251)
1/4–1/2 TL Chilipulver
350 g Erbsen, Tiefkühlware aufgetaut, oder 600 g frische Erbsen, gepalt
1 frisches Lorbeerblatt
1/2 TL Salz
125 ml Wasser
frisch gehackter Koriander, zum Garnieren

1 Das Ghee in einer großen Pfanne oder einem Bräter mit dicht schließendem Deckel bei mittlerer Hitze zerlassen. So viele Paneer-Würfel hineingeben, wie in einer Lage in die Pfanne passen, und ca. 5 Minuten anbraten, bis die Würfel rundum goldbraun sind. Die Paneer-Würfel mit dem Schaumlöffel herausnehmen und auf Küchenpapier abtropfen lassen. So fortfahren, bis alle Paneer-Würfel gebraten sind. Falls notwendig, etwas Ghee zugeben.

2 Die Pfanne mit dem Ghee erneut erhitzen. Knoblauch, Ingwer und Zwiebel unter Rühren 5–8 Minuten braten, bis die Zwiebel glasig ist.

3 Kurkuma, Garam masala und Chilipulver unterrühren und 2 Minuten mitbraten.

4 Erbsen, Lorbeerblatt und nach Belieben Salz zugeben und verrühren. Das Wasser zugießen und alles zum Kochen bringen. Die Hitze auf niedrigste Stufe reduzieren, den Deckel auflegen und alles ca. 10 Minuten köcheln, bis die Erbsen gar sind.

5 Den Paneer zurück in die Pfanne geben und unter vorsichtigem Rühren miterhitzen. Das Gericht nochmals abschmecken und mit Koriander garnieren.

**Tipp*

Bei der Zubereitung des Paneers für das Gericht können Sie 100 ml Molke aufbewahren und diese anstelle des Wassers in Schritt 4 verwenden.

Auch wenn sich westliche Mode bei indischen Frauen einer gewissen Beliebtheit erfreut, so bleiben viele Inderinnen, ob Jung oder Alt, ihrer traditionellen Kleidung treu.

Aloo Gobi

Aloo Gobhi

Von diesem beliebten nordindischen Gericht gibt es wohl so viele Versionen, wie es Köche gibt. Es passt ausgezeichnet zu allen Tandoori-Rezepten.

FÜR 4–6 PERSONEN

60 g Ghee (s. S. 253) oder 4 EL Pflanzen- oder Erdnussöl
1/2 EL Kreuzkümmelsamen
1 Zwiebel, fein gehackt
4-cm-Stück Ingwerwurzel, fein gehackt
1 frische grüne Chili, entkernt, in feinen Ringen
450 g Blumenkohl, in kleine Röschen geteilt
450 g große, fest kochende Kartoffeln, geschält und grob gewürfelt
1/2 TL gemahlener Koriander
1/2 TL Garam masala (s. S. 251)
1/4 TL Salz
frische Korianderzweige, zum Garnieren

1 Das Ghee in einer großen Pfanne oder einem Bräter mit dicht schließendem Deckel bei mittlerer Hitze zerlassen. Die Kreuzkümmelsamen zugeben und ca. 30 Sekunden rühren, bis sie knistern und zu bräunen anfangen.

2 Dann sofort Zwiebel, Ingwer und Chili zugeben und 5–8 Minuten unter Rühren braten, bis die Zwiebel gebräunt ist.

3 Zuerst Blumenkohl und Kartoffeln, dann Koriander, Garam masala und nach Belieben Salz unterheben und alles ca. 30 Sekunden unter Rühren anbraten.*

4 Den Deckel auflegen, die Hitze auf niedrigste Stufe reduzieren und das Gericht unter gelegentlichem Umrühren ca. 20–30 Minuten dünsten, bis das Gemüse weich ist. Ab und zu kontrollieren, ob das Gemüse am Pfannenboden anbackt und, falls notwendig, etwas Wasser unterrühren.

5 Das Gericht nochmals abschmecken und mit Koriander garnieren.

*Tipp
Um dem Gericht eine goldgelbe Farbe zu verleihen, können Sie in Schritt 3 zusammen mit den anderen gemahlenen Gewürzen 1/4 Teelöffel Kurkuma zugeben.

Über drei Viertel der indischen Dörfer haben weniger als 1000 Einwohner.

Madras-Kartoffeln

Madrasi Aloo

Madras-Kartoffeln, Bombay-Kartoffeln – Versionen dieses Kartoffelgerichts erscheinen unter verschiedenen Namen auf den Speisekarten der meisten indischen Restaurants. Fest kochende Kartoffeln sind am besten geeignet, weil sie beim Anbraten nicht zerfallen. Sie können aber auch eine mehlig kochende Sorte verwenden, wenn es Sie nicht stört, dass die Kartoffeln beim Braten die Form verlieren.

FÜR 4–6 PERSONEN

1 kg neue Kartoffeln, abgebürstet und halbiert oder geviertelt
40 g Ghee (s. S. 253) oder 3 EL Pflanzen- oder Erdnussö
2 TL schwarze Senfsamen
1 Zwiebel, in Ringen
4 Knoblauchzehen, sehr fein gehackt
2,5-cm-Stück Ingwerwurzel, sehr fein gehackt
1 frische rote Chili, fein gehackt (nach Belieben entkernt)
1 TL gemahlener Kreuzkümmel
1/2 TL gemahlener Koriander
Salz
frisch gehackter Koriander, zum Garnieren
Zitronenspalten, zum Servieren

1 Die Kartoffeln in einen großen Topf mit Wasser geben und bei starker Hitze in ca. 5–8 Minuten gar kochen. Gut abtropfen und abkühlen lassen.

2 Das Ghee in einem Kadhai, einem Wok oder einer großen Pfanne bei mittlerer Hitze zerlassen. Die Senfsamen zugeben und ca. 1 Minute rühren, bis sie platzen.

3 Die Zwiebel zugeben und unter häufigem Rühren 5 Minuten anbraten, dann Knoblauch, Ingwer und Chili zugeben und mitbraten, bis die Zwiebel gebräunt ist.

4 Kreuzkümmel und Koriander zugeben und gut unterrühren.

5 Die Kartoffeln zugeben und unterrühren, bis sie heiß und mit den Gewürzen bedeckt sind. Mit Salz abschmecken. Mit dem Koriander garnieren und mit Zitronenspalten servieren.*

**Tipp*

Warm serviert, eignen sich die Kartoffeln als *Chaat*-Häppchen zu eiskaltem Bier oder salzigem Lassi (s. S. 212). Reichen Sie dann Cocktail-Sticks zum Aufspießen dazu.

Gebratene Okras
Bhindi ki Sabzi

Okras, in Indien „Ladies' Fingers" oder „Bhindi" genannt, gehören zu den Zutaten, die die meisten Leute entweder lieben oder hassen. Letzteres meist, weil die geschnittenen Früchte, wenn sie in Flüssigkeit gegart werden, eine etwas schleimige Konsistenz annehmen. Das Problem entfällt bei diesem Rezept, da die knackig grünen Okras nur kurz angebraten werden.

FÜR 4 PERSONEN

40 g Ghee (s. S. 253) oder 3 EL Pflanzen- oder Erdnussöl
1 Zwiebel, in feinen Ringen
500 g Okras, Stielansätze abgeschnitten
1 oder 2 frische grüne Chillies, in Ringen (nach Belieben entkernt)
2 TL gemahlener Kreuzkümmel
Salz und Pfeffer
1/4 TL Garam masala (s. S. 251)
Zitronenspalten, zum Servieren

1 Das Ghee in einem Kadhai, einem Wok oder einer großen Pfanne bei mittlerer Hitze zerlassen. Die Zwiebel zugeben und unter häufigem Rühren 2 Minuten anbraten.

2 Okras, Chillies, Kreuzkümmel, nach Belieben Salz und Pfeffer zugeben und alles unter Rühren 5 Minuten braten.

3 Mit dem Garam masala bestreuen und noch ca. 2 Minuten unter Rühren braten, bis die Okras gar, aber noch knackig sind.* Mit den Zitronenspalten servieren.

**Variation*
Als Abwandlung können Sie mit den Okras und den Chillies 2 entkernte, klein gewürfelte Tomaten zugeben oder die Pfanne, nachdem die Okras gar sind, vom Herd nehmen und nach und nach unter ständigem Rühren 250 g Naturjoghurt untermischen.

Pilze in Chili-Joghurt

Mushroom Dahiwale

Noch ein Klassiker indischer Restaurants, der sich schnell und einfach zu Hause zubereiten lässt. Sie können das pikante Pilzgericht natürlich auch mit weißen Champignons zubereiten.

FÜR 4–6 PERSONEN

60 g Ghee (s. S. 253) oder 4 EL Pflanzen- oder Erdnussöl
2 große Zwiebeln, fein gehackt
4 große Knoblauchzehen, zerdrückt
400 g Tomaten aus der Dose, gehackt
1 TL gemahlene Kurkuma
1 TL Garam masala (s. S. 251)
1/2 TL Chilipulver
750 g braune Champignons, in dicken Scheiben
1 Prise Zucker
Salz
125 g Naturjoghurt
frisch gehackter Koriander, zum Garnieren

1 Das Ghee in einem Kadhai, einem Wok oder einer großen Pfanne bei mittlerer Hitze zerlassen. Die Zwiebeln zugeben und unter häufigem Rühren 5–8 Minuten anbraten, bis sie gebräunt sind. Den Knoblauch unterrühren und 2 Minuten mitbraten.

2 Die Tomaten mit ihrem Saft untermengen. Kurkuma, Garam masala und Chilipulver unterrühren und alles noch 3 Minuten garen.

3 Pilze, Zucker und nach Belieben Salz* zugeben und alles ca. 8 Minuten dünsten, bis die Pilzflüssigkeit weitgehend eingekocht ist und die Pilze weich sind.

4 Die Pfanne vom Herd nehmen. Den Joghurt nach und nach untermengen, dabei immer kräftig rühren, damit er nicht gerinnt. Das Gericht nochmals abschmecken, mit Koriander garnieren und servieren.

**Tipp*

Das in Schritt 3 zugegebene Salz entzieht den Pilzen Flüssigkeit, was dem Kochsud mehr Aroma verleiht.

Grüne Bohnen mit Senfsamen und Kokos

Frans Bean Raiwali

Das populäre südindische Bohnenrezept ist mit seiner milden Würze die ideale Ergänzung zu scharfen Currygerichten.

FÜR 4–6 PERSONEN

40 g Ghee (s. S. 253) oder 3 EL Pflanzen- oder Erdnussöl

1 EL Senfsamen

6 frische oder 1/2 EL getrocknete Curryblätter

1 Zwiebel, fein gehackt

1/2 EL Knoblauch-Ingwer-Paste (s. S. 27)

1 Prise gemahlene Kurkuma

450 g grüne Bohnen, in Stücke geschnitten

60 g Kokoscreme, geraspelt

250 ml Wasser

Salz und Pfeffer

1 Prise Chili- oder Paprikapulver, zum Servieren

1 Das Ghee in einem Kadhai, einem Wok oder einer großen Pfanne bei starker Hitze zerlassen. Die Senfsamen zufügen und ca. 1 Minute rühren, bis sie platzen. Die Curryblätter unterrühren.

2 Zwiebel, Knoblauch-Ingwer-Paste* und Kurkuma zugeben und 5 Minuten mitrühren. Die grünen Bohnen zugeben und 2 Minuten unter Rühren anbraten.

3 Mit der geraspelten Kokoscreme bestreuen, dann das Wasser zugießen und unter Rühren zum Kochen bringen. Die Hitze reduzieren und auf niedriger Stufe unter gelegentlichem Rühren ca. 4 Minuten köcheln, bis die Bohnen gar sind, aber noch Biss haben. Das Gericht mit Salz und Pfeffer abschmecken und vor dem Servieren etwas Chilipulver darüber streuen.

*Tipp

Wenn Sie das Gericht etwas schärfer mögen, können Sie in Schritt 2 mit der Knoblauch-Ingwer-Paste eine gehackte frische grüne Chili zugeben.

Im ländlichen Indien sind Tiere eine wichtige Arbeitshilfe.

Linsen mit Spinat
Paalak Daal

Den vegetarischen Köchen Indiens scheinen die Ideen für schmackhafte, schnell zubereitete Alltagsgerichte, die Linsen und andere Hülsenfrüchte mit Gemüse kombinieren, nie auszugehen. Chana Daal sind für dieses unkomplizierte Gericht ideal, weil man sie nicht langwierig einweichen muss.

FÜR 4 PERSONEN

250 g Chana Daal (halbierte gelbe Linsen), gewaschen
1,2 l Wasser*
1 TL gemahlener Koriander
1 TL gemahlener Kreuzkümmel
1/4 TL gemahlenes Asant
1/2 TL gemahlene Kurkuma
250 g frischer Spinat, ohne Stiele, in Streifen geschnitten und gewaschen
4 Frühlingszwiebeln, gehackt
Salz

Garnierung

3 EL Pflanzen- oder Erdnussöl
1 TL Senfsamen
2 frische grüne Chillies, längs halbiert
1-cm-Stück Ingwerwurzel, sehr fein gehackt

1 Die Linsen mit dem Wasser in einen großen Topf geben. Bei starker Hitze zum Kochen bringen. Die Hitze auf niedrigste Stufe reduzieren, das Wasser nach Bedarf abschäumen.

2 Wenn sich kein Schaum mehr bildet, Koriander, Kreuzkümmel, Asant und Kurkuma unterrühren. Die Linsen mit lose aufgelegtem Deckel ca. 40 Minuten köcheln, bis sie sehr weich und nur noch von einer dünnen Schicht Flüssigkeit bedeckt sind.

3 Spinat und Frühlingszwiebeln unter die Linsen heben und unter häufigem Rühren weitere 5 Minuten mitköcheln, bis der Spinat zusammenfällt. Falls die Flüssigkeit verdampft ist, bevor der Spinat gar ist, noch etwas Wasser unterrühren. Das Gericht mit Salz abschmecken und in eine Servierschüssel geben.

4 Für die Garnierung das Öl in einem kleinen Topf auf hoher Stufe erhitzen. Senfsamen, Chillies und Ingwer zugeben und rühren, bis die Senfsamen platzen und die Chillies sich zu häuten beginnen. Das Öl mit den Gewürzen über die Linsen gießen.

**Tipp*

Die benötigte Wassermenge hängt vor allem davon ab, wie alt die Linsen sind, aber auch von der Größe des Topfs. Je älter die Linsen sind, desto länger müssen sie köcheln, um weich zu werden. Da man das Alter der Linsen beim Kauf nicht feststellen kann, müssen Sie in Schritt 2 eventuell noch Wasser zugeben und die Garzeit verlängern. Außerdem ist der Durchmesser des Topfs zu berücksichtigen: Je größer er ist, desto rascher verdampft das Wasser.

Schwarze Linsen mit Bohnen

Maah ki Daal

Dieses üppige Daal-Gericht erhält durch die Verwendung ungeschälter schwarzer Linsen anstelle von halbierten Linsen eine sämige Konsistenz. Wegen der zeitaufwändigen Zubereitung eignet es sich weniger als Alltagsgericht, sondern vielmehr für Festessen.

FÜR 4–6 PERSONEN

250 g Urid Daal Sabut (ungeschälte schwarze Linsen)
120 g getrocknete Kidneybohnen
4 Knoblauchzehen, halbiert
4 schwarze Kardamomkapseln, leicht zerstoßen
2 Lorbeerblätter
1 Zimtstange
120 g Butter
1 1/2 EL Knoblauch-Ingwer-Paste (s. S. 27)
2 EL Tomatenmark
1/2 TL Chilipulver
1 Prise Zucker
Salz
150 g Crème fraîche
frische Korianderzweige, zum Garnieren

1 Linsen und Kidneybohnen in zwei separate Schüsseln geben, mit reichlich Wasser bedecken und mindestens 3 Stunden oder am besten über Nacht einweichen.

2 Inzwischen Knoblauchzehen, Kardamomkapseln, Lorbeerblätter und Zimtstange auf ein Stück Musselin legen und zu einem Bündel zusammenbinden.

3 Die Linsen und die Kidneybohnen getrennt abgießen. Die Kidneybohnen mit dem doppelten Volumen Wasser in einen Kadhai, einen Wok oder einen großen Topf geben und zum Kochen bringen, 10 Minuten kochen und dann gründlich abtropfen lassen.

4 Die Kidneybohnen zurück in den Topf geben, die schwarzen Linsen zugeben und mit dem doppelten Volumen Wasser bedecken. Den Gewürzbeutel zugeben und das Wasser bei starker Hitze zum Kochen bringen. Die Hitze reduzieren und die Hülsenfrüchte auf niedriger Stufe mit lose aufgelegtem Deckel ca. 3 Stunden köcheln*, dabei das Wasser nach Bedarf abschäumen, bis die Bohnen und Linsen sehr weich und zu einer dicken Paste eingekocht sind. Die Hülsenfrüchte während des Köchelns alle 15 Minuten mit einem Holzlöffel oder Kartoffelstampfer an der Seite des Topfs zerdrücken.

5 Wenn die Hülsenfrüchte fast fertig gegart sind, den Gewürzbeutel herausnehmen und abkühlen lassen. Die Butter in einem kleinen Topf zerlassen. Die Knoblauch-Ingwer-Paste zugeben und 1 Minute rühren. Tomatenmark, Chilipulver, Zucker und nach Belieben Salz unterrühren und 2–3 Minuten köcheln.

6 Den abgekühlten Gewürzbeutel über dem Topf mit den Hülsenfrüchten gut ausdrücken. Die Butter-Gewürzmischung und die Crème fraîche bis auf 2 Esslöffel unter die Hülsenfrüchte rühren. Das Gericht kurz aufkochen, dann bei reduzierter Hitze unter gelegentlichem Rühren weitere 10 Minuten köcheln.

7 Das Gericht in eine Servierschüssel geben und vor dem Servieren mit der restlichen Crème fraîche und dem Koriander garnieren.

**Tipp*

Die Hülsenfrüchte in Schritt 4 regelmäßig kontrollieren und, falls notwendig, zusätzliches Wasser unterrühren.

Süß-saure Linsen

Khatti Meethi Daal

Gelbe Linsen, nach bengalischer Art zubereitet.

FÜR 4 PERSONEN

250 g Chana Daal (halbierte gelbe Linsen)
1,2 l Wasser
2 Lorbeerblätter, zerzupft
3 frische grüne Chillies, längs aufgeschlitzt
1/2 TL gemahlene Kurkuma
1/2 TL gemahlenes Asant
3 EL Pflanzen- oder Erdnussöl
1/2 Zwiebel, fein gehackt
2-cm-Stück Ingwerwurzel, fein gehackt
30 g Kokoscreme, geraspelt
1 frische grüne Chili, gehackt (nach Belieben entkernt)
1 1/2 EL Zucker
1 1/2 EL Tamarindenpaste oder Tamarinden-Chutney (s. S. 249)
1/2 TL Garam masala (s. S. 251)
1/4 TL gemahlener Kreuzkümmel
1/4 TL gemahlener Koriander
Salz*

Garnierung

15 g Ghee (s. S. 253), zerlassen, oder 1 EL Pflanzen- oder Erdnussöl
1 TL Garam masala (s. S. 251)
frisch gehackter Koriander

1 Die Linsen mit dem Wasser in einen großen Topf geben. Das Wasser zum Kochen bringen und nach Bedarf abschäumen. Wenn sich kein Schaum mehr bildet, Lorbeerblätter, Chillies, Kurkuma und Asant unterrühren. Die Linsen mit lose aufgelegtem Deckel ca. 40 Minuten köcheln, bis sie weich, aber nicht zu Brei zerkocht sind und die gesamte Flüssigkeit eingekocht ist.

2 Wenn die Linsen fast gar sind, das Öl in einem Kadhai, einem Wok oder einer großen Pfanne auf mittlerer Stufe erhitzen. Zwiebel und Ingwer zugeben und unter häufigem Rühren 5–8 Minuten braten.

3 Kokoscreme, grüne Chili, Zucker, Tamarindenpaste, Garam masala, Kreuzkümmel und Koriander zufügen und ca. 1 Minute mitbraten.

4 Die fertig gegarten Linsen mit den Lorbeerblättern, den Chillies und der eventuell im Topf verbliebenen Flüssigkeit zu der Gewürzmischung geben und alles gut vermengen. Die Linsen nach Belieben mit Salz, zusätzlichem Zucker und Tamarindenpaste abschmecken.

5 Das Gericht in eine Servierschüssel geben, mit zerlassenem Ghee beträufeln, mit Garam masala bestreuen und mit frischem Koriander garnieren.

**Tipp*

Linsen und andere Hülsenfrüchte sollten erst nach dem Garen gesalzen werden. Wenn man das Salz zu früh zugibt, zieht es alle Flüssigkeit aus den Linsen, was sie schwer verdaulich macht.

Kitchri

Khichdee

Dieses Gericht ergibt, mit warmem Brot und einem Raita serviert, eine leichte Mahlzeit, lässt sich aber auch ausgezeichnet mit anderen vegetarischen Gerichten kombinieren. Aus dem traditionellen indischen Rezept entwickelten die britischen Köche der Kolonialzeit das in Großbritannien beliebte Kedgeree, ein Reisgericht mit Fisch und Ei.

FÜR 4–6 PERSONEN

225 g Basmatireis

30 g Ghee (s. S. 253) oder 2 EL Pflanzen- oder Erdnussöl

1 große Zwiebel, fein gehackt

250 g Masoor Daal (halbierte rote Linsen), gewaschen*

2 TL Garam masala (s. S. 251)

1 1/2 TL Salz

1 Prise gemahlenes Asant

850 ml Wasser

2 EL frisch gehackter Koriander

Zum Servieren

Chapatis (s. S. 236)

Raita (s. S. 244)

1 Den Basmatireis unter fließendem Wasser waschen, bis das Wasser klar bleibt, dann in eine Schüssel geben, mit Wasser bedecken und 30 Minuten einweichen. Abgießen und bis zum Kochen beiseite stellen.

2 Das Ghee in einem großen Topf oder Bräter mit dicht schließendem Deckel bei mittlerer Hitze zerlassen. Die Zwiebel zugeben und unter häufigem Rühren 5-8 Minuten dünsten, bis sie glasig ist.

3 Reis, Linsen, Garam masala, Salz und Asant zugeben und 2 Minuten anbraten. Das Wasser zugießen und unter Rühren zum Kochen bringen.

4 Die Hitze auf niedrigste Stufe reduzieren, den Deckel auflegen und die Reis-Linsen-Mischung, ohne den Deckel zu öffnen, 20 Minuten köcheln, bis der Reis gar und die Flüssigkeit vollständig eingekocht ist. Den Topf vom Herd nehmen und abgedeckt 5 Minuten ruhen lassen.

5 Den Koriander mit zwei Gabeln unterheben, das Gericht nach Belieben abschmecken und mit Chapatis und Raita servieren.

**Tipp*

Es lohnt sich, Linsen immer vorrätig zu halten, da man sie im Gegensatz zu anderen Hülsenfrüchten vor dem Kochen nicht langwierig einweichen muss. Viele gängige Linsensorten können direkt aus der Packung verarbeitet werden, seltenere und asiatische Linsensorten sollte man auslesen und waschen, um Steinchen und Schmutz zu entfernen. Linsen, die schon länger im Schrank stehen, müssen eventuell länger gekocht werden.

FLEISCH- & GEFLÜGELGERICHTE

Fleischgerichte verraten in Indien oft schon einiges über den religiösen Hintergrund der Gastgeber. Fleisch essende Hindus und Sikhs verzichten völlig auf Rindfleisch; Muslime und Juden, die sich koscher ernähren, rühren kein Schweinefleisch an. Christen und Parsen dagegen essen jede Art von Fleisch, sofern sie es sich leisten können.

Die religiösen Traditionen und Einschränkungen haben das Ziegenfleisch zur meistverzehrten Fleischsorte Indiens gemacht. Es heißt, ein guter nordindischer Koch könne an jedem Tag des Jahres ein anderes Ziegenfleischgericht zubereiten. Eine Ausnahme bildet Kaschmir, wo die an den Berghängen weidenden Schafe köstlich zartes Fleisch liefern.

Indische Restaurants in aller Welt ersetzen das Ziegenfleisch der traditionellen Rezepte meist durch Lamm, das auch für die Rezepte in diesem Buch verwendet wird. Hühner, in vielen anderen Ländern Bestandteil des alltäglichen Speisezettels, sind in Indien meist sehr mager, dafür wachsen sie aber in aller Regel frei laufend auf und gelten als besondere Delikatesse – vor allem Hindus im Punjab servieren Huhn zu Hochzeitsmahlen und anderen Festessen.

Fleisch gehört in den nördlichen Staaten Rajasthan, Punjab und Kaschmir eher zur täglichen Ernährung als im übrigen Indien, und die nordindischen Fleischgerichte sind im Ausland am bekanntesten. Köche aus dem Punjab eröffneten die ersten indischen Restaurants im Ausland und brachten die reichhaltige Tradition der Mogul-Küche mit, die sich seit der letzten großen Invasion im 16. Jahrhundert entwickelt hatte.

Zu den Vermächtnissen der Mogul-Herrscher gehört auch die Tandoori-Küche.

Zu den Vermächtnissen der Mogul-Herrscher gehört auch die Tandoori-Küche. Diese Tradition, Fleisch, Geflügel, Fisch und mitunter auch Gemüse in einem hohen, mit Holzkohle befeuerten Lehmofen, dem Tandoor, zu backen, stammt aus dem nordöstlichen Persien und hat sich über Jahrhunderte kaum verändert. Das Fleisch wird oft zunächst in Joghurtmarinade eingelegt und dann durch das Feuer am Ofenboden und die von den Ofenwänden reflektierte Hitze gegart. Das authentische Aroma der Tandoori-Küche lässt sich nur mit einem Tandoor erzielen, doch die Rezepte für Tandoori-Huhn (s. S. 156) und Hähnchen-Tikka (s. S. 55) vermitteln zumindest eine Ahnung davon. Würzige Lamm-Kebabs (s. S. 133) ist ein weiteres Rezept nach Tandoori-Art, das für westliche Backöfen abgewandelt wurde.

An den Fürstenhöfen der Mogulen bereitete man früher üppige Gerichte mit sahnigen Saucen, pikanten Gewürzen sowie frischen und getrockneten Früchten und Nüssen zu. Die Extravaganz und Raffinesse der Mogul-Küche erreichte ihren Höhepunkt mit den Reis-und-Fleisch-Biryanis, die am Hof der Nizams, einer Herrscherdynastie in Hyderabad, serviert wurden. Lamm-Biryani (s. S. 126) ist ein Rezept für festliche Anlässe, schon weil es relativ zeitaufwändig in der Zubereitung ist, aber auch wegen seiner subtilen Würze und dem verführerischen zarten Fleisch.

Köstliche Geflügelgerichte in der Mogul-Tradition sind z. B. das Butter-Hähnchen auf Seite 158 und das Kaschmir-Hähnchen auf Seite 162. Ein mild gewürztes,

sahniges Gemüsegericht nach Art der Mogulen ist das Gemüse-Korma auf Seite 90.

Die Parsen, die vor Jahrhunderten aus Persien nach Indien flohen, essen ebenfalls Fleisch, und das persische Erbe spiegelt sich auch in ihren üppigen und raffiniert gewürzten Gerichten wider. Ein gutes Beispiel ist Lamm-Dhansak (s. S. 138) mit einer sämigen Sauce aus pürierten Linsen und Kürbis.

Das scharf gewürzte Schweinefleisch Vindaloo (s. S. 148) aus der Küche der Christen in Goa ist das vielleicht bekannteste Schweinefleisch-Rezept des Landes. Der mit frischen Chillies, Knoblauch und Essig gewürzte Gaumenkitzler erinnert an die Ära der Portugiesen. Man bekommt in den Restaurants zwar auch Vindaloo-Gerichte mit Rind und Lamm, doch die Schweinefleisch-Version ist das Original.

Das Repertoire der anglo-indischen Köche umfasst sämtliche Fleischsorten. Die anglo-indische Küche ist eine Kreuzung zwischen den sehr milden Gerichten der britischen Kolonialzeit und den traditionellen indischen Rezepten – sie entspricht in etwa dem, was man vor rund einem Jahrzehnt in indischen Restaurants bekam. Vergleichen Sie z. B. das anglo-indische Gebratene Schweinefleisch mit Gemüse (s. S. 147) und das traditionelle *Kheema Mattar* (s. S. 151): Beide werden mit Hackfleisch zubereitet, schmecken aber völlig unterschiedlich.

Original indische Fleisch- und Geflügelrezepte sind oft mit langen Garzeiten verbunden, um das Fleisch so zart zu kochen, dass man es mit den Fingern zerpflücken kann, und das Fleisch wird oft am Knochen gegart, weil es so am schmackhaftesten ist. Bei den Rezepten in diesem Buch sind die Garzeiten meistens kürzer, weil die Gerichte zum Verzehr mit Messer und Gabel gedacht sind, und es wird überwiegend Fleisch ohne Knochen verwendet, um die Zubereitung zu erleichtern.

Folgende Doppelseite *Palmen sind in Südindien eine wichtige Nahrungsquelle: Sie liefern Öl, Kokosfleisch und -milch.*

Lamm-Biryani
Gosht Biryani

Die raffiniert gewürzte Kombination von Reis und Lamm aus der Küche der Mogul-Herrscher von Hyderabad wird heute noch bei vielen nicht vegetarischen Festessen zu Hochzeiten und anderen Anlässen gereicht.

FÜR 6–8 PERSONEN

40 g Ghee (s. S. 253) oder 3 EL Pflanzen- oder Erdnussöl

1 kg Lammkeule ohne Knochen, von Fett und Sehnen befreit, trockengetupft, in 5 cm großen Würfeln

Salz und Pfeffer

1 große Zwiebel, fein gehackt

1 1/2 EL Garam masala (s. S. 251)

1/2 TL Kreuzkümmelsamen

1 Zimtstange, halbiert

2,5-cm-Stück Ingwerwurzel, fein gehackt

3 große Knoblauchzehen, zerdrückt

1/2 TL gemahlene Kurkuma

1/2 TL Chilipulver

700 ml Hühnerbrühe

30 g frische Korianderblätter

500 g Basmatireis

6 EL Milch

1 TL Safranfäden

150 g Naturjoghurt

Garnierung

1 Zwiebel, in feinen Ringen

1 TL Salz

4 EL Pflanzen- oder Erdnussöl

100 g Sultaninen

100 g Mandeln, abgezogen

3 hart gekochte Eier, längs halbiert

frisch gehackter Koriander

1 30 g Ghee in einem großen Bräter bei mittlerer Hitze zerlassen. Das Lamm hineingeben, mit Salz und Pfeffer würzen, von allen Seiten bräunen (eventuell portionsweise) und auf einen Teller geben.

2 Den Bräter auswischen und das übrige Ghee bei mittlerer Hitze zerlassen. Die Zwiebel zugeben und unter häufigem Rühren 5–8 Minuten andünsten, bis sie glasig ist. Garam masala, Kreuzkümmelsamen und Zimtstange zugeben und unter Rühren 2–3 Minuten mitbraten, bis die Gewürze zu duften beginnen.

3 Das Lamm mit dem Bratensaft zurück in den Bräter geben. Ingwer, Knoblauch, Kurkuma und Chilipulver zugeben und ca. 3 Minuten mitbraten. Hühnerbrühe und Koriander zugeben und aufkochen. Die Hitze auf niedrigste Stufe reduzieren, den Bräter abdecken und das Fleisch 1 1/2 Stunden köcheln (es sollte dann noch nicht ganz durch sein).

4 Inzwischen den Reis, die Safranmilch und die Garnierung zubereiten. Den Reis unter fließendem Wasser waschen, bis das Wasser klar bleibt, in einer Schüssel mit reichlich Wasser bedecken und 20 Minuten einweichen. Für die Safranmilch die Milch in einem kleinen Topf erhitzen, bis sie leicht zu köcheln beginnt, den Safran einrühren und den Topf beiseite stellen.

5 Für die Röstzwiebel-Garnierung die Zwiebelringe in eine Schüssel geben, mit dem Salz bestreuen und ca. 5 Minuten stehen lassen, um die Flüssigkeit herauszuziehen. Dann die Zwiebelringe mit den Händen ausdrücken. Die Hälfte des Öls in einer Pfanne stark erhitzen. Die Zwiebelringe hineingeben und unter Rühren 4–6 Minuten anbraten, bis sie gebräunt sind. Dann die Zwiebelringe sofort aus der Pfanne nehmen, da sie beim Abkühlen noch nachdunkeln (wenn sie zu stark gebräunt sind, schmecken sie bitter). Beiseite stellen.*

6 Die Pfanne auswischen und das restliche Öl darin erhitzen. Die Sultaninen hineingeben und unter Rühren 3–5 Minuten anbraten, dann sofort mit einem

Schaumlöffel aus der Pfanne nehmen. Die Mandeln in die Pfanne geben und unter Rühren 2–3 Minuten anbraten, bis sie goldbraun sind. Vorsicht: Sie können in Sekundenschnelle anbrennen.

7 Den eingeweichten Reis abgießen. Einen großen Topf mit Wasser zum Kochen bringen. Den Reis hineingeben und 5 Minuten kochen (er ist dann noch nicht ganz gar). Abgießen und beiseite stellen.

8 Den Backofen auf 190 °C vorheizen. Das Lamm vom Herd nehmen und den Naturjoghurt nach und nach untermengen; dabei sehr rasch rühren, damit er nicht gerinnt. Alles gut abschmecken.

9 Den halb gegarten Reis über dem Lamm verteilen. Mit dem Stiel eines Holzlöffels ein Loch von ca. 2,5 cm Durchmesser in die Mitte des Reishügels stechen. Die Safranmilch so über den Reis träufeln, dass sie von der Mitte ausgehende Speichen bildet.

10 Den Bräter abdecken und die Fleisch-Reis-Mischung 40 Minuten im Backofen garen. Anschließend den Bräter herausnehmen und 5 Minuten mit geschlossenem Deckel ruhen lassen.

11 Den Deckel abnehmen. Das Gericht mit den Sultaninen und Mandeln bestreuen, mit Röstzwiebeln, hart gekochten Eiern und frischem Koriander garnieren und direkt aus dem Bräter servieren.

**Tipp*

Die Zubereitung eines solchen Biryani-Gerichts ist sehr zeitaufwändig, man kann die Schritte 1–6 aber schon am Vortag ausführen.

Rogan Josh

Rogan Josh

Dieses herzhafte Gericht aus Kaschmir wurde von den Mogul-Köchen bereitwillig übernommen und ist seitdem ein sehr beliebtes Gericht in der nordindischen Küche. Seine charakteristische rote Farbe verdankt es traditionell dem natürlichen Farbstoff Rattanjog, aber Chilipulver und Tomatenmark sind eine leichter zu beschaffende, preiswerte Alternative.

FÜR 4 PERSONEN

350 g Naturjoghurt

1/2 TL gemahlenes Asant, in 2 EL Wasser aufgelöst

700 g Lammkeule ohne Knochen, von Fett und Sehnen befreit, in 5 cm großen Würfeln

2 Tomaten, entkernt und gewürfelt

1 Zwiebel, gehackt

30 g Ghee (s. S. 253) oder 2 EL Pflanzen- oder Erdnussöl

1 1/2 EL Knoblauch-Ingwer-Paste (s. S. 27)

2 EL Tomatenmark

2 Lorbeerblätter

1 EL gemahlener Koriander

1/4–1 TL Chilipulver, am besten Kaschmir-Chilipulver*

1/2 TL gemahlene Kurkuma

1 TL Salz

1/2 TL Garam masala (s. S. 251)

1 Den Joghurt in einer großen Schüssel mit dem aufgelösten Asant verrühren. Die Lammwürfel in der Marinade wenden und diese mit den Händen gründlich in das Fleisch einreiben. 30 Minuten beiseite stellen.

2 Inzwischen die Tomaten und die Zwiebel im Mixer zerkleinern. Das Ghee in einer großen Pfanne oder einem Bräter mit dicht schließendem Deckel bei mittlerer Hitze zerlassen. Die Knoblauch-Ingwer-Paste hineingeben und anbraten, bis der Knoblauch zu duften beginnt.

3 Tomaten-Zwiebel-Mischung, Tomatenmark, Lorbeerblätter, Koriander, Chilipulver und Kurkuma unterrühren, die Hitze reduzieren und auf niedriger Stufe unter gelegentlichem Rühren 5–8 Minuten köcheln.

4 Die Lammwürfel mit der Marinade und das Salz zugeben und 2 Minuten anbraten. Abdecken und bei schwacher Hitze unter gelegentlichem Rühren 30 Minuten köcheln. Das Lamm sollte genug Flüssigkeit abgeben, um nicht am Pfannenboden anzubacken, wenn die Sauce aber zu trocken ist, sollte noch etwas Wasser untergerührt werden.

5 Das Lamm mit dem Garam masala bestreuen, die Pfanne wieder abdecken und das Gericht weitere 15–20 Minuten köcheln, bis das Lammfleisch zart ist. Dann alles nochmals abschmecken.

**Tipp*

Das leuchtend rote Kaschmir-Chilipulver, das Sie in indischen Lebensmittelläden bekommen, verleiht dem Gericht ein besonders authentisches Aroma.

Lamm-Pasanda
Gosht Pasanda

Das köstlich sahnige Gericht ist ein Vermächtnis aus den glorreichen Tagen der Mogul-Herrschaft, in denen die indische Küche einen Gipfel der Raffinesse erreichte. Das Wort „Pasanda" bezeichnet kleine Fleischstücke ohne Knochen, in diesem Falle zartes Lammfleisch, möglichst dünn geklopft.

FÜR 4–6 PERSONEN

600 g Lammschulter oder -keule ohne Knochen
2 EL Knoblauch-Ingwer-Paste (s. S. 27)
60 g Ghee (s. S. 253) oder 4 EL Pflanzen- oder Erdnussöl
3 große Zwiebeln, gehackt
1 frische grüne Chili, entkernt und gehackt (nach Belieben)
2 grüne Kardamomkapseln, leicht zerstoßen
1 Zimtstange, halbiert
2 TL gemahlener Koriander
1 TL gemahlener Kreuzkümmel
1 TL gemahlene Kurkuma
250 ml Wasser
150 g Crème double
4 EL gemahlene Mandeln
1 1/2 TL Salz
1 TL Garam masala (s. S. 251)

Garnierung
Paprikapulver
geröstete Mandelblättchen*

1 Das Fleisch in dünne Scheiben schneiden, diese zwischen Frischhaltefolie legen und mit dem Nudelholz oder Fleischhammer sehr flach klopfen. Die Lammscheiben in eine Schüssel geben, die Knoblauch-Ingwer-Paste zugeben und mit den Händen in das Fleisch einreiben. 2 Stunden zum Marinieren kalt stellen.

2 Das Ghee in einer großen Pfanne oder einem Bräter mit dicht schließendem Deckel bei mittlerer Hitze zerlassen. Zwiebeln und Chili zugeben und 5–8 Minuten rühren, bis die Zwiebeln gebräunt sind.

3 Kardamomkapseln, Zimtstange, Koriander, Kreuzkümmel und Kurkuma ca. 2 Minuten mitbraten, bis die Gewürze zu duften beginnen.

4 Das Fleisch in die Pfanne geben und unter gelegentlichem Rühren ca. 5 Minuten anbraten, bis es rundum braun ist. Das Wasser zugeben und unter Rühren zum Kochen bringen. Die Hitze auf niedrigste Stufe reduzieren, die Pfanne abdecken und das Gericht ca. 40 Minuten köcheln, bis das Lamm gar ist.

5 Wenn das Lamm gar ist, die Crème double und die gemahlenen Mandeln in einer Schüssel verrühren. 6 Esslöffel heißen Kochsud aus der Pfanne unterrühren, dann die Mischung nach und nach in die Pfanne geben und gut untermengen. Salz und Garam masala unterrühren. Alles ohne Deckel und unter gelegentlichem Rühren weitere 5 Minuten köcheln.

6 Vor dem Servieren mit etwas Paprikapulver und gerösteten Mandelblättchen garnieren.

**Tipp*
Die Mandelblättchen in einer Pfanne ohne Fett bei mittlerer Hitze unter ständigem Rühren goldbraun anrösten. Dann sofort aus der Pfanne nehmen, weil sie sehr leicht anbrennen. Oder die Mandelblättchen auf einem Backblech im auf 180 °C vorgeheizten Backofen 10–15 Minuten rösten.

Würzige Lamm-Kebabs

Gosht Hara Kabab

Auf jedem Basar oder Markt in einer nordindischen Stadt bereiten Straßenverkäufer diese köstlich duftenden, mild gewürzten Spieße auf Bestellung zu. Sie werden im Tandoor-Ofen gebacken, dessen Hitze dafür sorgt, dass sie außen rasch knusprig braun werden und innen saftig bleiben, doch im vorgeheizten Backofengrill oder auf dem Holzkohlegrill gelingen sie ebenfalls gut.

ERGIBT 4–6 SPIESSE

700 g Hackfleisch vom Lamm
1 Zwiebel, gerieben
3 EL fein gehackter Koriander
3 EL fein gehackte Minze
3 EL Kichererbsenmehl (Besanmehl)
1 1/2 EL gemahlene Mandeln
2,5-cm-Stück Ingwerwurzel, gerieben
3 EL Zitronensaft
2 EL Naturjoghurt
2 TL gemahlener Kreuzkümmel
2 TL gemahlener Koriander
1 1/2 TL Salz
1 1/2 TL Garam masala (s. S. 251)
1 TL gemahlener Zimt
Pfeffer

Zum Servieren

Zitronenspalten
Salat

1 Alle Zutaten in eine große Schüssel geben und mit den Händen zu einer glatten Masse verkneten. Die Schüssel mit einem Geschirrtuch abdecken und ca. 45 Minuten bei Zimmertemperatur ruhen lassen.

2 Aus der Fleischmasse mit angefeuchteten Händen 24 gleich große Bällchen formen.* Die Bällchen um einen langen, geölten Metallspieß in länglicher Form legen. Jeden Spieß mit 4 bis 6 Bällchen bestücken.

3 Den Backofengrill vorheizen oder einen Holzkohlegrill anzünden und warten, bis sich die Kohle grau verfärbt. Einen Grillrost mit etwas Öl einpinseln. Die Spieße auf der obersten Backofenschiene oder auf dem Holzkohlegrill unter häufigem Wenden in ca. 5–7 Minuten garen, bis das Lammfleisch völlig durchgebraten und auch in der Mitte nicht mehr rosa ist, wenn man es mit der Messerspitze ansticht. Mit Zitronenspalten und Salat servieren.

**Tipp*

Statt das Fleisch am Spieß zu garen, können Sie aus der Fleischmasse auch 6 flache „Frikadellen“ formen, die wie oben beschrieben gegrillt werden; allerdings sollte man die Garzeit in diesem Fall auf 4 Minuten pro Seite verlängern.

Lammkoteletts mit Sesam
Champ Tilwale

In Indien würde man diese Koteletts in knuspriger Sesamkruste meist mit Zicklein zubereiten, doch auch Lamm ist hierfür ideal geeignet. Die Marinade macht das Fleisch zarter, und durch das Flachklopfen verkürzt sich die Garzeit.

FÜR 4 PERSONEN

12 Lammkoteletts

1/2 EL Sesamsaat*

Pfeffer

Limettenspalten, zum Servieren

Marinade

4 EL Naturjoghurt

2 EL abgeriebene Zitronenschale

1 1/2 TL gemahlener Kreuzkümmel

1 1/2 TL gemahlener Koriander

1/4 TL Chilipulver

Salz

1 Für die Marinade Joghurt, Zitronenschale, Kreuzkümmel, Koriander, Chilipulver und nach Belieben Salz in eine große Schüssel geben und gut verrühren.

2 Mit einem scharfen Messer alle Fettränder von den Lammkoteletts abschneiden. Die Lammkoteletts mit einem Fleischhammer flach klopfen, bis sie nur noch ca. 5 mm dick sind.

3 Die Koteletts in die Schüssel geben und mit den Händen in der Marinade wenden, bis sie gut damit bedeckt sind. 20 Minuten bei Zimmertemperatur marinieren oder die abgedeckte Schüssel bis zu 4 Stunden kalt stellen.

4 Die Lammkoteletts gegebenenfalls 20 Minuten vor dem Grillen wieder aus dem Kühlschrank nehmen. Den Backofengrill vorheizen und den Grillrost leicht einölen.

5 Die Lammkoteletts in einer Lage auf den Rost legen, mit Sesamsaat bestreuen und in 10 cm Entfernung von der Hitzequelle ca. 7 Minuten grillen, ohne sie zu wenden – so bleiben sie innen rosa.

6 Lammkoteletts mit frisch gemahlenem Pfeffer bestreuen und mit Limettenspalten servieren.

**Variation*

Als Variation können Sie den Sesam weglassen und die Oberseite der Koteletts stattdessen vor dem Grillen mit etwas Kokos-Sambal (s. S. 247) bestreichen.

Lamm-Dopiaza

Gosht Dopiaza

„Dopiaza" im Rezeptnamen ist ein Hinweis darauf, dass die Gerichte reichlich Zwiebeln enthalten, und zwar in zweierlei Form, denn „Do" bedeutet „zwei" und „Piaza" heißt „Zwiebel". Bei manchen dieser Rezepte werden am Ende der Garzeit rohe Zwiebeln untergemengt, die dem Gericht knackigen Biss verleihen, hier werden dagegen Zwiebelringe und -würfel mitgegart.

FÜR 4–6 PERSONEN

2 große Zwiebeln, in feinen Ringen

Salz

2 große Zwiebeln, grob gehackt

2 EL Knoblauch-Ingwer-Paste (s. S. 27)

1/2 TL Paprikapulver

2 EL frisch gehackter Koriander

1 EL gemahlener Koriander

1 TL gemahlener Kreuzkümmel

1/2 TL gemahlenes Asant

70 g Ghee (s. S. 253) oder 5 EL Pflanzen- oder Erdnussöl

700 g Lammschulter ohne Knochen, von Fett und Sehnen befreit, in 5 cm großen Würfeln

4 grüne Kardamomkapseln

1 Prise Zucker

1/2 TL Garam masala (s. S. 251)

frische Korianderzweige, zum Garnieren

1 Die Zwiebelringe in eine Schüssel geben, mit 1 Teelöffel Salz überstreuen und ca. 5 Minuten ruhen lassen, um den Zwiebeln die Flüssigkeit zu entziehen. Dann mit den Händen gut ausdrücken.

2 Inzwischen gehackte Zwiebeln, Knoblauch-Ingwer-Paste, Paprikapulver, frischen Koriander, gemahlenen Koriander, Kreuzkümmel und Asant in der Gewürzmühle oder im Mörser zu einer Paste verarbeiten.

3 30 g Ghee in einer großen Pfanne oder einem Bräter mit dicht schließendem Deckel bei mittlerer Hitze zerlassen. Die Zwiebelringe hineingeben und unter Rühren 4–6 Minuten anbraten, bis sie gebräunt sind. Dann sofort aus der Pfanne nehmen, da sie beim Abkühlen noch nachdunkeln (wenn sie zu stark bräunen, schmecken sie bitter).

4 Weitere 30 g Ghee in der Pfanne zerlassen. Die Lammfleischwürfel darin (gegebenenfalls portionsweise) rundum braun anbraten, dann aus der Pfanne nehmen.

5 Das restliche Ghee in der Pfanne zerlassen. Die Zwiebel-Gewürzmischung darin unter gelegentlichem Rühren anbraten. Die Kardamomkapseln zugeben und mitrühren.

6 Das Lammfleisch zurück in die Pfanne geben. 1/2 Teelöffel Salz und den Zucker untermengen. Die Hitze auf niedrigste Stufe reduzieren, die Pfanne abdecken und das Lamm 30 Minuten schmoren.*

7 Den Deckel abnehmen, die Zwiebelringe und das Garam masala über das Lamm streuen, den Deckel wieder auflegen und das Gericht noch ca. 15 Minuten schmoren, bis das Lamm gut durchgegart ist. Das Gericht nochmals abschmecken und mit frischem Koriander garnieren.

**Tipp*

Das Lamm sollte so viel Bratensaft abgeben, dass die Sauce in Schritt 6 nicht am Pfannenboden ansetzt, doch sollte man das regelmäßig kontrollieren und bei Bedarf Wasser zufügen.

Lamm-Dhansak

Gosht Dhansak

Dieses Gericht mit einer sämigen Sauce aus eingekochten Linsen und Kürbis kommt bei vielen parsischen Familien auf den Sonntagstisch. Mit Reis und Naan gereicht wird daraus eine üppige Mahlzeit.

FÜR 4–6 PERSONEN

700 g Lammschulter ohne Knochen, von Fett und Sehnen befreit, in 5 cm großen Würfeln

Salz

1 EL Knoblauch-Ingwer-Paste (s. S. 27)

5 grüne Kardamomkapseln

200 g Toor Daal (gelbe Linsen)

100 g Kürbis, geschält, entkernt und gewürfelt

1 Karotte, in feinen Scheiben

1 frische grüne Chili, entkernt und gehackt

1 TL gemahlene Bockshornkleesamen

500 ml Wasser

1 große Zwiebel, in feinen Ringen

30 g Ghee (s. S. 253) oder 2 EL Pflanzen- oder Erdnussöl

2 Knoblauchzehen, zerdrückt

frisch gehackter Koriander oder Minze, zum Garnieren

*Dhansak masala**

1 TL Garam masala (s. S. 251)

1/2 TL gemahlener Koriander

1/2 TL gemahlener Kreuzkümmel

1/2 TL Chilipulver

1/2 TL gemahlene Kurkuma

1/4 TL gemahlenes Kardamom

1/4 TL gemahlene Gewürznelken

1 Das Lammfleisch mit 1 Teelöffel Salz in einen großen Topf geben, mit Wasser bedecken und dieses zum Kochen bringen. Die Hitze reduzieren, das Wasser nach Bedarf abschäumen, bis sich kein neuer Schaum mehr bildet. Knoblauch-Ingwer-Paste und Kardamomkapseln unterrühren und alles 30 Minuten köcheln.

2 Inzwischen Linsen, Kürbisfleisch, Karotte, Chili und Bockshornklee in einen großen Topf geben und das Wasser zugießen. Unter gelegentlichem Rühren zum Kochen bringen, die Hitze reduzieren und alles 20–30 Minuten köcheln, bis die Linsen und die Karotte sehr weich sind. Bei Bedarf Wasser zufügen, damit die Linsen nicht ansetzen.

3 Während Lamm und Linsen garen, die Zwiebelringe in einer Schüssel mit 1 Teelöffel Salz bestreuen und ca. 5 Minuten ruhen lassen, um den Zwiebeln die Flüssigkeit zu entziehen. Mit den Händen ausdrücken.

4 Die Linsenmischung vom Herd nehmen und etwas abkühlen lassen, dann im Mixer oder in der Küchenmaschine zu einer dickflüssigen, glatten Sauce pürieren.

5 Das Ghee in einer großen Pfanne oder einem Bräter mit dicht schließendem Deckel bei starker Hitze zerlassen. Die Zwiebelringe darin unter Rühren 2 Minuten anbraten. Ein Drittel der Zwiebelringe herausnehmen, den Rest weitere 1–2 Minuten goldbraun braten. Dann rasch mit dem Schaumlöffel aus der Pfanne nehmen, da sie beim Abkühlen noch nachdunkeln.

6 Die helleren Zwiebelringe mit dem Knoblauch zurück in die Pfanne geben. Alle Dhansak-masala-Zutaten zugeben und unter Rühren 2 Minuten anbraten. Das Fleisch zugeben und 2 Minuten mitbraten. Die Linsensauce unterheben und auf mittlerer Stufe unter Rühren erhitzen, bei Bedarf Wasser zugeben. Mit Röstzwiebeln und Koriander garnieren.

**Tipp*

Falls Sie fertiges Dhansak masala aus dem indischen Lebensmittelladen verwenden, geben Sie in Schritt 6 davon 1 Esslöffel zu den Zwiebeln.

Lamm mit Blumenkohl

Gobhi Gosht

Im Punjab wird dieses unkomplizierte Gericht mit zäherem Ziegen- oder Hammelfleisch zubereitet, das wesentlich längere Garzeiten erfordert, aber mit zartem Lammfilet, so wie hier, lässt es sich rasch und einfach zubereiten.

FÜR 4–6 PERSONEN

30 g Ghee (s. S. 253) oder 2 EL Pflanzen- oder Erdnussöl
1 Zwiebel, fein gehackt
1/2 EL Knoblauch-Ingwer-Paste (s. S. 27)
1 EL Kreuzkümmelsamen
2 TL milde oder scharfe Currypaste (nach Belieben)
1 Blumenkohl, in kleine Röschen geteilt*
400 g Tomaten aus der Dose, gehackt
125 ml Gemüsebrühe oder Wasser
Salz und Pfeffer
700 g Lammfilet, ohne Fett, in 5 mm dicke Scheiben geschnitten
Zitronensaft (nach Belieben)
frisch gehackte Minze, zum Garnieren

1 Das Ghee in einem Kadhai, einem Wok oder einer großen Pfanne bei mittlerer Hitze zerlassen. Zwiebel und Knoblauch-Ingwer-Paste darin unter häufigem Rühren 5–8 Minuten anbraten, bis die Zwiebel leicht gebräunt ist.

2 Kreuzkümmel und Currypaste zugeben und ca. 1 Minute mitbraten. Den Blumenkohl zugeben und 1 Minute unter Rühren anbraten.

3 Tomaten mit Saft, Brühe sowie nach Belieben Salz und Pfeffer zugeben. Alles einmal aufkochen, dann bei schwacher Hitze unter gelegentlichem Rühren 10 Minuten köcheln, bis die Sauce eingedickt ist und die Tomaten zerfallen.

4 Das Lammfleisch zugeben und alles unter gelegentlichem Rühren ca. 10 Minuten köcheln, bis das Fleisch gar und in der Mitte gerade noch rosa ist. Mit etwas Zitronensaft sowie gegebenenfalls weiterem Salz und Pfeffer abschmecken. Vor dem Servieren großzügig mit Minze garnieren.

**Variation*

Als Variation können Sie den Blumenkohl durch 1 cm dicke Karottenscheiben oder Brokkoliröschen ersetzen. Falls Sie Brokkoli verwenden, brauchen Sie das Gericht in Schritt 3 nur ca. 5 Minuten zu köcheln.

Wo immer man in Indien hinkommt, wird man von einer Schar Kinder begrüßt.

Marathani-Lammhaxen

Ghati Gosht

Dieses Gericht aus Mumbai ist voller Aromen, die die ganze Lebendigkeit und Vielfalt der Stadt widerspiegeln. Die Hafenstadt wird nicht umsonst das „Tor nach Indien" genannt: Von jeher bieten hier Händler aus aller Welt ihre Waren an. „Marathani" bedeutet „aus Maharashtra" – der Bundesstaat, dessen Hauptstadt Mumbai ist.

FÜR 4 PERSONEN

60 g Ghee (s. S. 253) oder 4 EL Pflanzen- oder Erdnussöl
2 große Zwiebeln, in feinen Ringen
40 g Cashewkerne
1 1/2 EL Knoblauch-Ingwer-Paste (s. S. 27)
2 frische grüne Chillies, entkernt und gehackt
2 Zimtstangen, halbiert
1/2 TL Chilipulver
1/2 TL gemahlene Kurkuma
1/2 TL gemahlener Koriander
1/2 TL gemahlene Muskatblüte
3 EL Naturjoghurt
4 Lammhaxen
850 ml Wasser
1/2 TL Garam masala (s. S. 251)
Salz und Pfeffer
frisch gehackter Koriander, zum Garnieren

1 Die Hälfte des Ghee in einem großen Bräter bei mittlerer Hitze zerlassen. Die Zwiebeln zugeben und unter häufigem Rühren 5–8 Minuten dünsten, bis sie glasig sind. Die Cashewkerne zugeben und knapp 1–2 Minuten mitdünsten, bis sie leicht bräunen.

2 Zwiebeln und Cashewkerne mit einem Schaumlöffel aus dem Bräter nehmen und etwas abkühlen lassen, dann in der Küchenmaschine oder im Mörser zu einer glatten Paste verarbeiten.

3 Das übrige Ghee im Bräter zerlassen. Knoblauch-Ingwer-Paste, Chillies und Zimtstangen hineingeben und ca. 1 Minute anbraten, bis die Gewürze zu duften beginnen.

4 Chilipulver, Kurkuma, Koriander und Muskatblüte einrühren. Unter ständigem Rühren nach und nach den Joghurt untermengen. Die Lammhaxen zugeben und ca. 5 Minuten weiterrühren, bis der Joghurt absorbiert ist.

5 Die Zwiebel-Cashewkern-Paste unterrühren. So viel Wasser zugießen, dass die Lammhaxen bedeckt sind, das Garam masala zugeben und alles einmal aufkochen. Die Hitze reduzieren und auf niedriger Stufe abgedeckt 1 3/4–2 Stunden köcheln, bis das Lamm sehr zart ist und fast vom Knochen fällt.*

6 Mit Salz und Pfeffer abschmecken. Die Lammhaxen in der Sauce mit etwas gehacktem Koriander garniert servieren.

**Tipp*
Die Sauce zu diesem Gericht ist sehr dünnflüssig. Falls Sie eine dickere Sauce vorziehen, die Lammhaxen am Ende von Schritt 5 aus dem Bräter nehmen und im Backofen warm stellen. 4 Esslöffel der Sauce mit 4 Esslöffeln Reismehl zu einer glatten Paste verrühren. Die Paste unter die Sauce rühren, diese im Bräter zum Kochen bringen und unter Rühren ca. 10 Minuten einkochen, bis sie dickflüssig ist.

Folgende Doppelseite *Der Ganges in Varanasi gehört zu den heiligsten Wallfahrtstätten Indiens.*

Gebratenes Schweinefleisch mit Gemüse

Sabzi Gosht

Ost und West begegnen sich in der anglo-indischen Küche von Kolkata, wo die Tradition, eher britisch anmutende Gerichte mit indischen Zutaten zu würzen, in christlichen Bevölkerungsgruppen weiterlebt. Dieses Rezept, das Ähnlichkeit mit britischen Pastetenfüllungen hat, ist eine modernisierte Version der „Currys", die einst in den Speisewagen der Eisenbahn serviert wurden.

FÜR 4–6 PERSONEN

40 g Ghee (s. S. 253) oder 3 EL Pflanzen- oder Erdnussöl
1 große Zwiebel, fein gehackt
4 grüne Kardamomkapseln
3 Gewürznelken
1 Zimtstange
1 EL Knoblauch-Ingwer-Paste (s. S. 27)
2 TL Garam masala (s. S. 251)
1/4–1/2 TL Chilipulver
1/2 TL gemahlenes Asant
2 TL Salz
600 g mageres Hackfleisch vom Schwein*
1 Kartoffel, abgebürstet und in 5 mm große Würfel geschnitten
400 g Tomaten aus der Dose, gehackt
125 ml Wasser
1 Lorbeerblatt
1 große Karotte, grob geraspelt
frische Korianderblätter, zum Garnieren

1 Das Ghee in einer großen Pfanne oder einem Bräter mit dicht schließendem Deckel bei mittlerer Hitze zerlassen. Die Zwiebel zugeben und unter gelegentlichem Rühren 5–8 Minuten anbraten, bis sie gebräunt ist. Kardamomkapseln, Gewürznelken und Zimtstange zugeben und unter Rühren 1 Minute braten, bis die Gewürze zu duften anfangen.

2 Knoblauch-Ingwer-Paste, Garam masala, Chilipulver, Asant und Salz zugeben und alles 1 weitere Minute garen. Das Hackfleisch zugeben und ca. 5 Minuten anbraten, dabei mit einem Holzlöffel zerkleinern, bis es gebräunt ist.

3 Kartoffel, Tomaten mit Saft, Wasser und Lorbeerblatt zugeben und unter Rühren zum Kochen bringen. Die Hitze auf niedrigste Stufe reduzieren, den Deckel auflegen und alles 15 Minuten köcheln. Die Karotte unterrühren und weitere 5 Minuten köcheln, bis Kartoffel und Karotte weich sind. Nochmals abschmecken, mit dem Koriander garnieren und servieren.

**Tipp*

Statt Schweinefleisch können Sie auch mageres Hackfleisch vom Lamm oder Rind verwenden.

Schweinefleisch Vindaloo
Gosht Vindaloo

Ein Rezept für Wagemutige! „Vindaloo" ist von den portugiesischen Wörtern für „Essig" und „Knoblauch" abgeleitet, die in diesem traditionellen Gericht aus Goa reichlich enthalten sind. Seine durchdringende Schärfe verdankt es den Chillies, die die Portugiesen zusammen mit dem Essig einführten, nachdem sie Goa 1510 erobert hatten. Goa blieb bis 1961 portugiesisch, bevor es wieder an Indien zurückging. Ein Erbe der portugiesischen Herrschaft ist die große christliche Bevölkerung, die im Gegensatz zu vielen Hindus oder Muslimen auch Schweinefleisch isst.

FÜR 4–6 PERSONEN

4 EL Senföl
2 große Zwiebeln, fein gehackt
6 frische Lorbeerblätter
6 Gewürznelken
6 Knoblauchzehen, gehackt
3 grüne Kardamomkapseln, leicht zerstoßen
1–2 frische rote Chillies, gehackt
2 EL gemahlener Kreuzkümmel
1/2 TL Salz
1/2 TL gemahlene Kurkuma
2 EL Apfelessig
2 EL Wasser
1 EL Tomatenmark
700 g Schweineschulter ohne Knochen, von Fett und Sehnen befreit, in 5 cm großen Würfeln

1 Das Senföl in einer großen Pfanne oder einem Topf mit dicht schließendem Deckel auf hoher Stufe erhitzen, bis es zu rauchen beginnt. Die Pfanne vom Herd nehmen und das Öl vollständig abkühlen lassen.

2 Das Öl erneut auf mittlerer Stufe erhitzen. Die Zwiebeln zugeben und unter häufigem Rühren 5–8 Minuten dünsten, bis sie glasig sind.

3 Lorbeerblätter, Gewürznelken, Knoblauch, Kardamomkapseln, Chillies, Kreuzkümmel, Salz, Kurkuma und 1 Esslöffel Essig zu den Zwiebeln geben und gut verrühren. Das Wasser unterrühren, die Pfanne abdecken und alles ca. 1 Minute köcheln, bis das Wasser eingekocht ist und das Fett sich absondert.

4 Das Tomatenmark in dem restlichen Esslöffel Essig auflösen, in die Pfanne geben und unterrühren. Das Schweinefleisch zugeben und untermengen.

5 Gerade so viel Wasser zugeben, dass das Schweinefleisch bedeckt ist. Alles zum Kochen bringen. Die Hitze auf niedrigste Stufe reduzieren, den Deckel auflegen und das Gericht 40–60 Minuten köcheln, bis das Schweinefleisch gut durchgegart ist.

6 Falls am Ende zu viel Flüssigkeit in der Pfanne bleibt, das Schweinefleisch mit einem Schaumlöffel aus der Pfanne nehmen und die Flüssigkeit bei starker Hitze auf die gewünschte Menge einkochen. Das Schweinefleisch abschließend noch einmal zugeben und erwärmen. Alles nochmals abschmecken.

Gehacktes mit Erbsen

Kheema Mattar

Dieses einfache, rustikale Gericht ist in Nordindien insbesondere in den kühlen Wintermonaten ein beliebtes Familienessen.

FÜR 4–6 PERSONEN

30 g Ghee (s. S. 253) oder 2 EL Pflanzen- oder Erdnussöl
2 TL Kreuzkümmelsamen
1 große Zwiebel, fein gehackt
1 EL Knoblauch-Ingwer-Paste (s. S. 27)
2 Lorbeerblätter
1 TL mildes, mittelscharfes oder scharfes Currypulver (nach Belieben)
2 Tomaten, entkernt und gewürfelt
1 TL gemahlener Koriander
1/4–1/2 TL Chilipulver
1/4 TL gemahlene Kurkuma
1 Prise Zucker
1/2 TL Salz
1/2 TL Pfeffer
500 g mageres Hackfleisch vom Rind oder Lamm
250 g Erbsen, Tiefkühlware, nicht aufgetaut

1 Das Ghee in einer großen Pfanne oder einem Bräter mit dicht schließendem Deckel erhitzen. Die Kreuzkümmelsamen zugeben und ca. 30 Sekunden rühren, bis sie zu knistern beginnen.

2 Zwiebel, Knoblauch-Ingwer-Paste, Lorbeerblätter und Currypulver zugeben und unter Rühren anbraten, bis sich das Fett absondert.

3 Die Tomaten unterrühren und 1–2 Minuten mitschmoren. Koriander, Chilipulver, Kurkuma, Zucker, Salz und Pfeffer untermengen und alles 30 Sekunden verrühren.

4 Das Hackfleisch zugeben und ca. 5 Minuten anbraten, bis es gebräunt ist, dabei mit einem Holzlöffel zerkleinern. Die Hitze reduzieren und das Gericht unter gelegentlichem Rühren 10 Minuten köcheln.

5 Die Erbsen zugeben und alles weitere 10–15 Minuten köcheln, bis die Erbsen aufgetaut und heiß sind. Falls zu viel Flüssigkeit in der Pfanne bleibt, die Hitze erhöhen und das Gericht noch einige Minuten einkochen.

Viele Inder sind sehr an Politik interessiert, daher sind Fotos von politischen Persönlichkeiten keine Seltenheit.

Rindfleisch nach Madras-Art
Madrasi Gosht

Dieses würzige Currygericht mit Kokosaroma hat seinen Namen von der südöstlichen Küstenstadt Chennai (Madras). Die Spezialitäten dieser Region werden oft mit Kokosnuss und reichlich Chillies gewürzt, weshalb manche Restaurants auf ihren Speisekarten jedes besonders scharfe Gericht als „Madras" ausweisen. Zu diesem Rezept passt kühles Bier oder ein salziges Lassi (s. S. 212).

FÜR 4–6 PERSONEN

1–2 getrocknete rote Chillies, gehackt (nach Belieben entkernt)*
2 TL gemahlener Koriander
2 TL gemahlene Kurkuma
1 TL schwarze Senfsamen
1/2 TL Ingwerpulver
1/4 TL gemahlener Pfeffer
140 g Kokoscreme, geraspelt und in 300 ml kochend heißem Wasser aufgelöst
60 g Ghee (s. S. 253) oder 4 EL Pflanzen- oder Erdnussöl
2 Zwiebeln, fein gehackt
3 große Knoblauchzehen, gehackt
700 g mageres Rinderschmorfleisch, z. B. Hochrippe, von Fett und Sehnen befreit, in 5 cm großen Würfeln
250 ml Rinderbrühe
Zitronensaft
Salz

1 Chillies, Koriander, Kurkuma, Senfsamen, Ingwerpulver und Pfeffer in eine kleine Schüssel geben und mit einer kleinen Menge der Kokosmischung zu einer dünnflüssigen Paste verrühren.

2 Das Ghee in einer großen Pfanne oder einem Bräter mit dicht schließendem Deckel bei mittlerer Hitze zerlassen. Zwiebeln und Knoblauch zugeben und unter Rühren 5–8 Minuten anbraten, bis die Zwiebeln gebräunt sind. Die Gewürzpaste zugeben und ca. 2 Minuten mitrühren, bis sie ihren Duft entfaltet.

3 Fleisch und Brühe zugeben und zum Kochen bringen. Die Hitze auf niedrigste Stufe reduzieren, die Pfanne abdecken und das Rindfleisch ca. 90 Minuten köcheln, bis es gut durchgegart ist. Gelegentlich kontrollieren, ob das Fleisch nicht am Pfannenboden ansetzt, bei Bedarf Wasser oder Brühe zufügen.

4 Den Deckel abnehmen und die restliche Kokosmischung, den Zitronensaft und nach Belieben Salz unterrühren. Das Gericht unter Rühren kurz aufkochen, dann bei reduzierter Hitze ohne Deckel eine Weile einköcheln lassen, bis die Sauce etwas dickflüssiger wird.

**Tipp*

Das Gericht bekommt einen anderen Charakter, ist aber ebenso schmackhaft, wenn Sie die Chillies ganz weglassen und das Rindfleisch vor dem Servieren mit gerösteten Kokosflocken bestreuen.

Rindfleisch nach Balti-Art
Bhuna Gosht

Diese indisch-pakistanische Version des Pfannenrührens gelangte mit Emigranten nach Birmingham, von wo sich eine Vielzahl von Balti-Restaurants über Großbritannien und das restliche Europa ausbreitete. Es ist eine sehr schnelle und einfache Kochtechnik. Etwas zeitaufwändig ist die Zubereitung der Balti-Sauce, die jedoch im Voraus gemacht und mehrere Tage im Kühlschrank aufbewahrt werden kann.

FÜR 4–6 PERSONEN

30 g Ghee (s. S. 253) oder 2 EL Pflanzen- oder Erdnussöl
1 große Zwiebel, fein gehackt
2 Knoblauchzehen, zerdrückt
2 große rote Paprika, gewürfelt
600 g Rindfleisch ohne Knochen zum Kurzbraten, z. B. Roastbeef oder Filet, in dünnen Streifen

Balti-Sauce

30 g Ghee (s. S. 253) oder 2 EL Pflanzen- oder Erdnussöl
2 große Zwiebeln, fein gehackt
1 EL Knoblauch-Ingwer-Paste (s. S. 27)
400 g Tomaten aus der Dose, gehackt
1 TL Paprikapulver
1/2 TL gemahlene Kurkuma
1/2 TL gemahlener Kreuzkümmel
1/2 TL gemahlener Koriander
1/4 TL Chilipulver
1/4 TL gemahlenes Kardamom
1 Lorbeerblatt
Salz und Pfeffer

1 Für die Balti-Sauce das Ghee in einem Kadhai, einem Wok oder einer großen Pfanne bei mittlerer Hitze zerlassen. Zwiebeln und Knoblauch-Ingwer-Paste zugeben und unter Rühren ca. 5 Minuten anbraten, bis die Zwiebel gebräunt ist. Tomaten mit Saft, Paprikapulver, Kurkuma, Kreuzkümmel, Koriander, Chilipulver, Kardamom, Lorbeerblatt sowie nach Belieben Salz und Pfeffer einrühren. Alles unter Rühren kurz aufkochen, dann bei reduzierter Hitze unter gelegentlichem Rühren 20 Minuten köcheln.

2 Die Sauce etwas abkühlen lassen, das Lorbeerblatt entfernen und die Mischung in einem Mixer oder einer Küchenmaschine zu einer glatten Sauce pürieren.

3 Die Pfanne auswischen und auf mittlerer Stufe erhitzen. Das Ghee darin zerlassen. Zwiebel und Knoblauch zugeben und 5–8 Minuten anbraten, bis die Zwiebel gebräunt ist. Rote Paprika zugeben und unter Rühren 2 Minuten anbraten.

4 Das Rindfleisch zugeben und 2 Minuten unter Rühren anbräunen. Die Balti-Sauce zufügen und einmal kurz aufkochen. Die Hitze reduzieren und die Sauce ca. 5 Minuten einköcheln, bis die Paprika weich ist. Das Gericht nochmals abschmecken und in einem Kadhai servieren.

Tandoori-Huhn
Tandoori Murgh

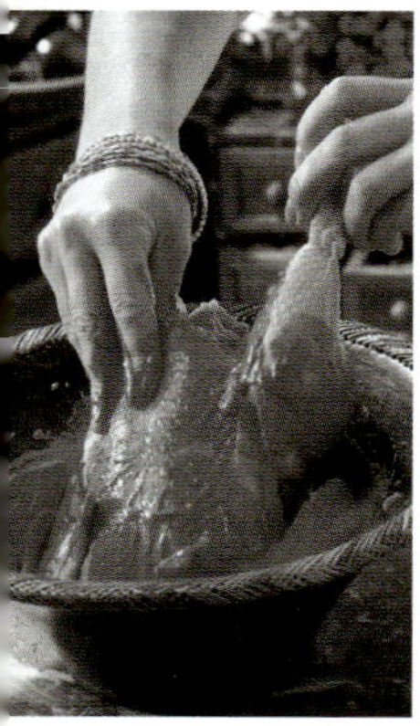

Eigentlich muss das Huhn für dieses Gericht im Tandoor-Ofen gegart werden, denn erst dann erhält es seinen unverwechselbaren Geschmack. Hier wird das Rezept für die europäische Küche angepasst, doch das Ergebnis kommt dem Original sehr nah – vor allem wenn Sie das Huhn vor dem Grillen einen Tag lang marinieren. Indische Köche färben Tandoori-Gerichte mit natürlichen Farbstoffen leuchtend orangerot. Ein paar Tropfen rote und gelbe Lebensmittelfarbe erzielen einen ähnlichen Effekt, aber die Farbe ist für den Geschmack ohnehin unerheblich. Auch das Kaschmir-Chilipulver verleiht eine rötliche Färbung.

Landwirtschaft spielt in den indischen Dörfern immer noch eine sehr große Rolle.

FÜR 4 PERSONEN

1 Poularde von 1,5 kg, ohne Haut*

1/2 Zitrone

1 TL Salz

30 g Ghee (s. S. 253), zerlassen

Zitronenspalten, zum Servieren

Tandoori-masala-Paste

1 EL Knoblauch-Ingwer-Paste (s. S. 27)

1 EL Paprikapulver

1 TL gemahlener Zimt

1 TL gemahlener Kreuzkümmel

1/2 TL gemahlener Koriander

1/4 TL Chilipulver, am besten Kaschmir-Chilipulver (siehe Tipp S. 129)

1 Prise gemahlene Gewürznelke

1/4 TL rote Lebensmittelfarbe (nach Belieben)

einige Tropfen gelbe Lebensmittelfarbe (nach Belieben)

200 g Naturjoghurt

1 Für die Tandoori-masala-Paste Knoblauch-Ingwer-Paste, Gewürze und Lebensmittelfarben in einer Schüssel mit dem Joghurt verrühren. Die Paste kann sofort verwendet oder in einem luftdicht verschlossenen Behälter bis zu 3 Tage im Kühlschrank aufbewahrt werden.

2 Das Huhn mit einem scharfen Messer rundum leicht einschneiden. Dann mit der Zitrone abreiben und das Salz in die Schnitte reiben.

3 Das Huhn in eine tiefe Schüssel geben, die Tandoori-masala-Paste dazugeben und mit den Händen gut über das Huhn verteilen und in die Schnitte einreiben. Die Schüssel mit Frischhaltefolie bedecken und mindestens 4, besser aber bis zu 24 Stunden kalt stellen.

4 Den Backofen auf 200 °C vorheizen. Das Huhn mit der Brust nach oben auf einen Rost mit untergeschobener Fettpfanne legen und mit dem zerlassenen

Ghee beträufeln. Das Huhn 45 Minuten backen, dann mit der Fettpfanne aus dem Ofen nehmen und diesen auf die höchste Temperaturstufe schalten.

5 Das Fett aus der Fettpfanne vorsichtig abgießen. Das Huhn zurück in den Ofen geben und weitere 10–15 Minuten backen, bis beim Anstechen der Schenkel klarer Bratensaft austritt und die Tandoori-masala-Paste knusprig braun ist.

6 Das Huhn 10 Minuten ruhen lassen, dann tranchieren und mit den Zitronenspalten servieren.

Tipp

Schneller geht es mit Hähnchenbrustfilets, -schenkeln oder -unterkeulen. Diese wie oben beschrieben marinieren, den Backofen auf 230 °C vorheizen und die Hähnchenteile ca. 40 Minuten backen.

Butter-Hähnchen
Murgh Makhani

Wie das Hähnchen-Tikka-Masala (s. S. 161) wird dieses beliebte Gericht der Sikhs in Indien oft aus fertig gekauftem Tandoori-Huhn zubereitet. Dieses ist hier jedoch kaum erhältlich. Doch Sie können es nach dem Rezept auf Seite 156 im Voraus zubereiten. Die Schärfe der cremigen Sauce hängt von der verwendeten Menge an Chilipulver ab.

FÜR 4–6 PERSONEN

1 Zwiebel, gehackt
1 1/2 EL Knoblauch-Ingwer-Paste (s. S. 27)
400 g große, saftige Tomaten, gehäutet und gehackt, oder Tomaten aus der Dose
1/4–1/2 TL Chilipulver
1 Prise Zucker
Salz
30 g Ghee (s. S. 253) oder 2 EL Pflanzen- oder Erdnussöl
125 ml Wasser
1 EL Tomatenmark
40 g Butter, klein gewürfelt
1/2 TL Garam masala (s. S. 251)
1/2 TL gemahlener Kreuzkümmel
1/2 TL gemahlener Koriander
1 fertig gebackenes Tandoori-Huhn (s. S. 156), in 8 Teile zerlegt
4 EL Crème double

Garnierung

4 EL Cashewkerne, leicht angeröstet, gehackt
frische Korianderzweige

1 Die Zwiebel mit der Knoblauch-Ingwer-Paste in einer Küchenmaschine oder im Mixer zu einer glatten Paste pürieren. Tomaten, Chilipulver, Zucker und eine Prise Salz zugeben und alles zusammen verarbeiten, bis es gut vermengt ist.

2 Das Ghee in einem Kadhai, einem Wok oder einer großen Pfanne bei mittlerer Hitze zerlassen. Die Tomatenmischung und das Wasser zugeben, dann das Tomatenmark einrühren.

3 Die Mischung unter Rühren zum Kochen bringen, die Hitze auf niedrigste Stufe reduzieren und die Sauce unter gelegentlichem Rühren 5 Minuten lang einköcheln.

4 Die Hälfte der Butter sowie Garam masala, Kreuzkümmel und Koriander unterrühren. Die Hühnerteile zugeben, in der Sauce wenden, bis sie gut bedeckt sind, und ca. 10 Minuten erhitzen. Die Sauce abschmecken.

5 Die Crème double in einer kleinen Schüssel verquirlen, dann unter ständigem Rühren mehrere Esslöffel der heißen Sauce untermengen. Die Crememischung unter die Tomatensauce rühren, die restliche Butter zufügen, bis sie schmilzt. Das Gericht mit Cashewkernen und Koriander garnieren und direkt aus der Pfanne servieren.

Hühnercurry mit Pilzen und Bohnen
Murgh Mushroom Rasedaar

Ein leckeres Currygericht, das sich schneller und einfacher zubereiten lässt als viele traditionellere indische Rezepte.

FÜR 4–6 PERSONEN

60 g Ghee (s. S. 253) oder 4 EL Pflanzen- oder Erdnussöl
8 Hähnchenschenkel, gehäutet und entbeint, in Streifen
1 kleine Zwiebel, gehackt
2 große Knoblauchzehen, zerdrückt
100 g grüne Bohnen, in Stücke geschnitten
100 g Champignons, in dicken Scheiben
2 EL Milch
Salz und Pfeffer
frische Korianderzweige, zum Garnieren

Currypaste

2 TL Garam masala (s. S. 251)
1 TL mildes, mittelscharfes oder scharfes Currypulver
1 EL Wasser

1 Für die Currypaste Garam masala und Currypulver in einer Schüssel mit dem Wasser verrühren und beiseite stellen.

2 Die Hälfte des Ghee in einem großen Schmortopf oder einer Pfanne mit dicht schließendem Deckel bei mittlerer Hitze zerlassen. Hühnerfleisch und Currypaste zugeben und 5 Minuten unter Rühren anbraten.

3 Zwiebel, Knoblauch und grüne Bohnen zufügen und ca. 5 Minuten mitbraten, bis das Hühnerfleisch durchgegart ist und beim Anstechen klarer Bratensaft austritt.

4 Das übrige Ghee und die Champignons zugeben. Sobald das Ghee geschmolzen ist, die Milch unterrühren. Mit Salz und Pfeffer abschmecken. Die Hitze reduzieren und das Gericht auf niedriger Stufe abgedeckt 10 Minuten köcheln, dabei gelegentlich umrühren. Vor dem Servieren mit Korianderzweigen garnieren.

Hähnchen-Tikka-Masala

Murgh Tikka Makhani

Dieses „indische" Gericht wurde angeblich in Londoner Restaurants zur Weiterverwendung von übrig gebliebenem Tandoori-Huhn kreiert. Inzwischen wird es aber als „Re-Import" auch in Indien angeboten. Bereiten Sie das Tandoori-Huhn nach dem Rezept auf Seite 156 zu, und zerlegen Sie es dann in 8 Teile.

FÜR 4–6 PERSONEN

400 g Tomaten aus der Dose, gehackt
300 g Crème double
1 fertig gebackenes Tandoori-Huhn (s. S. 156), in 8 Teile zerlegt
frische Korianderzweige, zum Garnieren

Tikka-Masala

30 g Ghee (s. S. 253) oder 2 EL Pflanzen- oder Erdnussöl
1 große Knoblauchzehe, fein gehackt
1 frische rote Chili, entkernt und gehackt
2 TL gemahlener Kreuzkümmel
2 TL Paprikapulver
1/2 TL Salz
schwarzer Pfeffer

1 Für das Tikka-Masala das Ghee in einer großen Pfanne mit Deckel auf mittlerer Stufe erhitzen. Knoblauch und Chili darin 1 Minute unter Rühren anbraten. Kreuzkümmel, Paprikapulver, nach Belieben Salz und Pfeffer zugeben und ca. 30 Sekunden mitrühren.

2 Tomaten mit Saft und Crème double unterrühren. Die Sauce bei schwacher Hitze unter gelegentlichem Rühren ca. 10 Minuten dickflüssig einköcheln.

3 Inzwischen die Tandoori-Hühnerteile entbeinen und das Fleisch in mundgerechte Stücke schneiden.

4 Die Sauce nochmals abschmecken. Das Hühnerfleisch in die Pfanne geben und abgedeckt etwa 3–5 Minuten erhitzen. Vor dem Servieren mit Koriander garnieren.

Kaschmir-Hähnchen
Murgh Kashmiri

Dieses mild-aromatische Gericht aus Kaschmir verdankt seine gelbe Färbung dem in Nordindien angebauten Safran. Hier werden Hähnchenschenkel verwendet; Sie können das Gericht aber auch mit anderem entbeintem Fleisch zubereiten.

FÜR 4–6 PERSONEN

Samen aus 8 grünen Kardamomkapseln
1/2 TL Koriandersamen
1/2 TL Kreuzkümmelsamen
1 Zimtstange
8 schwarze Pfefferkörner
6 Gewürznelken
1 EL heißes Wasser
1/2 TL Safranfäden
40 g Ghee (s. S. 253) oder 3 EL Pflanzen- oder Erdnussöl
1 große Zwiebel, fein gehackt
2 EL Knoblauch-Ingwer-Paste (s. S. 27)
250 g Naturjoghurt
8 Hähnchenschenkel, gehäutet und entbeint, in Streifen
3 EL gemahlene Mandeln
60 g blanchierte Pistazien, fein gehackt
2 EL frisch gehackter Koriander
2 EL frisch gehackte Minze*
Salz
geröstete Mandelblättchen, zum Garnieren

1 Die Kardamomsamen in einer Pfanne ohne Fett bei mittlerer Hitze unter ständigem Rühren anrösten, bis sie zu duften beginnen. Dann sofort aus der Pfanne nehmen, damit sie nicht anbrennen. Das Gleiche mit den Koriander- und Kreuzkümmelsamen, der Zimtstange, den Pfefferkörnern und Gewürznelken wiederholen. Alle Gewürze bis auf die Zimtstange in einer Gewürzmühle oder einem Mörser zu Pulver zermahlen.

2 Das Wasser und die Safranfäden in eine kleine Schüssel geben und beiseite stellen.

3 Das Ghee in einer großen Pfanne oder einem Bräter mit dicht schließendem Deckel zerlassen. Die Zwiebel darin unter gelegentlichem Rühren bei mittlerer Hitze 5–8 Minuten anbraten, bis sie gebräunt ist. Die Knoblauch-Ingwer-Paste zugeben und 2 Minuten mitbraten.

4 Die gemahlenen Gewürze* und die Zimtstange unterrühren. Die Zwiebelmischung vom Herd nehmen und den Joghurt portionsweise zugeben und sehr gründlich unterrühren. Die Pfanne zurück auf den Herd stellen und alles weitere 2–3 Minuten rühren, bis sich das Ghee absondert. Das Hähnchenfleisch zugeben.

5 Die Joghurtmischung unter ständigem Rühren einmal aufkochen, die Hitze auf niedrigste Stufe reduzieren und das Gericht abgedeckt unter gelegentlichem Rühren 20 Minuten köcheln. Ab und zu kontrollieren, ob die Sauce nicht am Pfannenboden ansetzt, bei Bedarf Wasser unterrühren.

6 Gemahlene Mandeln, Pistazien, Safranflüssigkeit, die Hälfte des Korianders, die gesamte Minze und nach Belieben Salz unter das Gericht mengen. Die Pfanne wieder abdecken und das Gericht noch ca. 5 Minuten köcheln, bis das Hähnchenfleisch gar und die Sauce eingedickt ist. Mit dem übrigen Koriander und den Mandelblättchen garnieren.

**Tipp*

Die Minzeblätter geben dem Gericht ein herrliches Aroma, verfärben sich aber durch die Hitze unschön. Deshalb wird vor dem Servieren noch frischer grüner Koriander darüber gestreut.

Dieses sehr milde Gericht ist ein idealer Einstieg in die indische Küche für alle, die es nicht ganz so scharf mögen. Wer es gern schärfer möchte, kann in Schritt 4 noch 1/4–1/2 Teelöffel Chilipulver zugeben.

Scharfes Hühnerfleisch mit grüner Paprika

Murgh Jalfarezi

Dieses allseits beliebte Gericht soll mit Köchen aus Bangladesch nach Großbritannien gelangt sein. Jedes der zahlreichen Restaurants in der Brick Lane im Herzen von Londons bengalischem Viertel behauptet, seine Version sei die „authentischste".

FÜR 4–6 PERSONEN

60 g Ghee (s. S. 253) oder 4 EL Pflanzen- oder Erdnussöl
8 Hähnchenschenkel, gehäutet und entbeint, in Streifen
1 große Zwiebel, gehackt
2 EL Knoblauch-Ingwer-Paste (s. S. 27)
2 grüne Paprika, gewürfelt
1 große, frische grüne Chili, entkernt und fein gehackt
1 TL gemahlener Kreuzkümmel
1 TL gemahlener Koriander
1/4–1/2 TL Chilipulver
1/2 TL gemahlene Kurkuma
1/4 TL Salz
400 g Tomaten aus der Dose, gehackt
125 ml Wasser
frisch gehackter Koriander, zum Garnieren

1 Die Hälfte des Ghee in einem Kadhai, einem Wok oder einer großen Pfanne bei mittlerer Hitze zerlassen. Das Hähnchenfleisch zugeben und unter Rühren 5 Minuten rundum anbräunen, dann mit einem Schaumlöffel aus der Pfanne nehmen und beiseite stellen.

2 Das übrige Ghee in der Pfanne zerlassen. Die Zwiebel darin unter häufigem Rühren 5–8 Minuten anbraten, bis sie gebräunt ist. Die Knoblauch-Ingwer-Paste zugeben und 2 Minuten mitbraten.

3 Die Paprika in die Pfanne geben und unter Rühren 2 Minuten mitbraten.

4 Chili, Kreuzkümmel, Koriander, Chilipulver, Kurkuma und Salz unterrühren. Die Tomaten mit Saft und Wasser* zugeben und zum Kochen bringen.

5 Die Hitze reduzieren, das Hähnchenfleisch zugeben und das Gericht auf niedriger Stufe ohne Deckel 10 Minuten unter häufigem Rühren köcheln, bis die Paprika weich und das Hähnchenfleisch so gar ist, dass beim Anstechen mit einem Messer der Bratensaft austritt. Mit Koriander garnieren.

**Tipp*

Eine sättigende Komplettmahlzeit, zu der Sie keinen Reis zu reichen brauchen, erhalten Sie, wenn Sie in Schritt 4 mit den Tomaten und dem Wasser 400 g in Würfel geschnittene neue Kartoffeln zugeben. Alles einmal aufkochen, dann bei reduzierter Hitze 5 Minuten köcheln, bevor das Hähnchenfleisch untergemengt wird.

FISCH & MEERESFRÜCHTE

Mumbais geschäftiger Sassoon-Hafen ist zugleich einer der größten Fischmärkte Indiens: Hier kann man jeden Morgen die Reichtümer der über 6000 Kilometer langen Küstenlinie und den üppigen Fang aus Flüssen, Seen und Bächen des Binnenlandes bewundern.

Der Fang, den die Fischer an Land bringen, wird teils an Ort und Stelle verkauft, teils quer durch Indien transportiert oder tiefgefroren in alle Welt verschifft. Das Angebot umfasst alles von gewaltigen Thunfischen und Haien bis zu Sprotten, Garnelen und Muscheln. Der Anblick ist nichts für Zartbesaitete: Schimmernde Farben, Blut und Eingeweide bilden den Hintergrund, vor dem Restaurantbetreiber, Großhändler und Privatleute hunderttausende von Rupien für die fangfrische Ware hinblättern.

Westbengalen an der Ostküste sowie die Bundesstaaten Goa und Kerala an der westlichen Malabarküste sind am bekanntesten für ihre Fischrezepte, doch wie in anderen Bereichen der indischen Küche hat auch hier jede Region ihre eigenen Zubereitungs- und Würzmethoden. Viele Rezepte aus Goa und Kerala werden mit frischer Kokosnuss zubereitet, während man in Westbengalen oft zusätzlich mit Senföl und -samen würzt.

Für die Bengalen, die als Indiens beste Fischköche gelten, ist es ganz normal, ein- bis zweimal am Tag Fisch mit Reis zu verzehren. Fischfilet in Chili-Joghurt (s. S. 189) ist ein beliebtes Rezept aus Kolkata, dessen Köche sich auf dem bunten Bag Bazaar mit Frischfisch eindecken. Rund um den Markt bieten Imbiss-Stände Fisch-Pakoras (s. S. 190) im knusprigen Teigmantel aus Kichererbsenmehl an, die mit Koriander-Chutney (s. S. 245) auch ausgezeichnet zum Aperitif passen. Gegrillte Makrele (s. S. 186) mit gerösteten Gewürzen lässt sich besonders schnell und leicht zubereiten und schmeckt heiß ebenso gut wie abgekühlt.

Die Fischernetze von Fort Kochi, mit denen seit über 600 Jahren der tägliche Fang eingebracht wird, sind eine fotogene Touristenattraktion. Frischere Meeresfrüchte als an den zahlreichen Imbissbuden in der Nähe der Fischernetze wird man wohl schwerlich finden. Man kann hier den Tagesfang aus der Auslage selbst auswählen und nach Wunsch zubereiten und würzen lassen. Köstlichkeiten wie Muscheln mit Senfsamen und Schalotten (s. S. 177) sind im Handumdrehen gezaubert; auch Riesengarnelen lassen sich auf diese Weise zubereiten.

Die Fischer von Kerala, die mitten in der Nacht in See stechen, essen zum Frühstück oder Mittagessen oft *Molee*, einen in der Region äußerst beliebten Fischeintopf mit Kokosnuss, den sie an Bord aus dem jeweiligen Fang des Tages zubereiten. Nichts wird verschwendet; auch Köpfe und Schwänze landen zusammen mit Kokosmilch und Gewürzen im Topf. Das Gericht kann je nach persönlicher Vorliebe des Kochs sehr scharf oder eher mild ausfallen. Ein etwas raffinierteres Meeresfrüchte-Rezept ist das Meeresfrüchte-Curry nach Goa-Art (s. S. 182) in würziger Kokoscreme.

Wer das beschauliche Goa besucht, sollte unbedingt die Fischgerichte probieren, die den ganzen Tag bis spät in die Nacht hinein an den Imbiss-Ständen am Strand angeboten werden. Garnelen, Muscheln, Brachsenmakrelen (Pomfret), Krebse, Hummer und vieles mehr werden hier nach Bestellung frisch zubereitet.

Sortiert und verkauft wird der Tagesfang oft von den Frauen der Fischer.

Eine typische Fischart für die Malabarküste ist der Pomfret.

Die Köche der indischen Küstenregionen haben viele Rezepte, bei denen der Fisch vor dem Garen in Bananenblätter gewickelt wird. Die aromatische, gedämpfte Version auf Seite 178 stammt von Mumbais Parsengemeinde. Die Fischfilets, die vor dem Dämpfen mit frischem Koriander-Chutney bestrichen werden, entfalten beim Öffnen der Bananenblatt-Hüllen einen herrlichen Duft.

Eine typische Fischart für die Malabarküste ist der äußerst beliebte Pomfret (Brachsenmakrele), ein weißfleischiger Fisch von zartem Aroma – ähnlich wie Seezunge –, den man grillen, braten oder backen kann. Weitere in Indien geschätzte Speisefische sind der ebenfalls vor der Malabarküste vorkommende Pearlspot (Indischer Streifenbuntbarsch) und der Goatfish, eine Meerbarben-Art.

Wer je in einem indischen oder chinesischen Restaurant „Bombay Duck" bestellt hat, weiß, dass es sich dabei keineswegs um Ente, sondern um einen kleinen, durchscheinenden Fisch handelt, der eingesalzen und in der heißen Sonne von Mumbai getrocknet wird. Man verzehrt ihn als Snack oder bröselt ihn als Würze über andere Gerichte.

Natürlich ist es auch bei indischen Fischrezepten wichtig, dass Fisch und Meeresfrüchte absolut frisch sind. Fisch darf nicht riechen, außer vielleicht nach einem Hauch von Meerwasser, die Augen sollten klar und die Kiemen leuchtend rot sein. Tiefgefrorener Fisch muss am Tag des Auftauens zubereitet werden.

Rechts *Frischen Schwertfisch bekommt man am Strand.*

Folgende Doppelseite *Fischer beim Einholen der Netze an einem Sandstrand von Goa*

Tandoori-Garnelen

Tandoori Jhinga

Dies ist eine schnelle und einfache Zubereitungsmethode für Riesengarnelen, wie sie von den Imbissbuden in Goa angeboten werden. Einheimische und Touristen lassen sich hier Fisch und Meeresfrüchte in bester Form schmecken: fangfrisch und ganz schlicht zubereitet.

FÜR 4 PERSONEN

4 EL Naturjoghurt

2 frische grüne Chillies, entkernt und gehackt

1/2 EL Knoblauch-Ingwer-Paste (s. S. 27)

Samen aus 4 grünen Kardamomkapseln

2 TL gemahlener Kreuzkümmel

1 TL Tomatenmark

1/4 TL gemahlene Kurkuma

1/4 TL Salz

1 Prise Chilipulver, am besten Kaschmir-Chilipulver

24 rohe Riesengarnelen, ausgelöst, aber mit Schwanzenden

Zitronen- oder Limettenspalten, zum Servieren

1 Joghurt, Chillies und Knoblauch-Ingwer-Paste in einem kleinen Mixer, einer Gewürzmühle oder einem Mörser zu einer Paste verarbeiten. Die Paste in eine große Schüssel geben. Kardamomsamen, Kreuzkümmel, Tomatenmark, Kurkuma, Salz und Chilipulver unterrühren.*

2 Die Garnelen in die Schüssel geben und mit den Händen in der Joghurtmarinade wenden, bis sie gut bedeckt sind. Die Schüssel mit Frischhaltefolie abdecken und 30 Minuten bis 4 Stunden kalt stellen.

3 Eine große Tawa (flache Pfanne), Grill- oder Bratpfanne auf hoher Stufe erhitzen, bis ein Wassertropfen auf der heißen Fläche „tanzt". Die Pfanne mit Küchenpapier oder einem Backpinsel ganz leicht einölen.

4 Die Garnelen mit einer Küchenzange aus der Marinade nehmen und überschüssige Marinade in die Schüssel abtropfen lassen. Die Garnelen in die Pfanne geben, 2 Minuten braten, dann wenden und weitere 1–2 Minuten braten, bis sie sich rosa verfärben, krümmen und auch in der Mitte nicht mehr glasig sind. Sofort mit den Zitronen- oder Limettenspalten servieren.

**Tipp*

Die würzige Joghurtmarinade ist auch für Tandoori-Meeresfrüchte-Kebabs bestens geeignet. 750 g dicke, fleischige, weiße Fischfilets, z. B. von Kabeljau, Heilbutt oder Seeteufel, in 4 cm große Würfel schneiden und mit 12 oder 16 großen, ausgelösten Garnelen in der Marinade wenden. Alles 30 Minuten bis 4 Stunden marinieren. Den Backofengrill vorheizen oder einen Holzkohlegrill anzünden und warten, bis sich die Kohle grau verfärbt. Fischwürfel und Garnelen abwechselnd mit blanchierten roten oder grünen Paprikawürfeln und kleinen Champignons auf 6 lange, eingeölte Metallspieße stecken. Auf der obersten Backofenschiene oder auf dem Grill ca. 15 Minuten grillen, dabei häufig wenden und mit restlicher Marinade bestreichen, bis der Fisch gut durchgegart und an den Rändern gebräunt ist.

Muscheln mit Senfsamen und Schalotten

Tissario Kadugu

Körbe voller hoch getürmter Muschelberge sind an Indiens südlicher Malabarküste kein seltener Anblick. Schnell zubereitete, köstlich duftende und mit Kurkuma goldgelb gefärbte Gerichte wie dieses werden z. B. in den Freiluft-Restaurants am Hafen von Kochi mit Blick auf die malerischen Fischernetze serviert.

FÜR 4 PERSONEN

2 kg Miesmuscheln
3 EL Pflanzen- oder Erdnussöl
1/2 EL schwarze Senfsamen
8 Schalotten, gehackt
2 Knoblauchzehen, zerdrückt
2 EL Branntweinessig
4 kleine, frische rote Chillies
90 g Kokoscreme, in 300 ml kochend heißem Wasser aufgelöst
10 frische oder 1 EL getrocknete Curryblätter
1/2 TL gemahlene Kurkuma
1/4–1/2 TL Chilipulver
Salz

1 Die Muscheln verlesen und alle Exemplare mit beschädigter Schale sowie offene Muscheln, die sich beim Dagegenklopfen nicht schließen, wegwerfen. Die Muscheln unter fließend kaltem Wasser abbürsten und verbliebene Bartfäden mit einem kleinen Messer entfernen. Beiseite stellen.

2 Das Öl in einem Kadhai, einem Wok oder einer großen Pfanne auf mittlerer Stufe erhitzen. Die Senfsamen zugeben und ca. 1 Minute rühren, bis sie springen.

3 Schalotten und Knoblauch zugeben und unter häufigem Rühren ca. 3 Minuten braten, bis sie leicht gebräunt sind. Essig, Chillies, Kokoscreme, Curryblätter, Kurkuma, Chilipulver und eine Prise Salz unterrühren und alles unter Rühren zum Kochen bringen.

4 Die Hitze auf niedrigste Stufe reduzieren. Die Muscheln in die Pfanne geben, den Deckel auflegen und die Muscheln ca. 3–4 Minuten erhitzen, dabei die Pfanne häufig rütteln, bis sich alle Muscheln geöffnet haben. Alle Muscheln, die geschlossen bleiben, wegwerfen. Die Muscheln in tiefe Schalen geben und den Kochsud* mit Salz abschmecken. Die Muscheln mit dem Sud übergießen und servieren.

**Tipp*

Den Kochsud in Schritt 4 gut abschmecken, bevor Sie ihn wieder zu den Muscheln geben. Falls die Muscheln sandig waren, den Sud durch ein mit Musselin oder Küchenpapier ausgelegtes Sieb abseihen. Muscheln sollten immer an dem Tag zubereitet werden, an dem man sie gekauft hat. Wenn sich rohe Muscheln nicht schließen oder gekochte Muscheln nicht öffnen, ist dies ein Zeichen, dass sie nicht frisch sind. Solche Muscheln dürfen keinesfalls verzehrt werden.

Gedämpfter Fisch mit Koriander-Chutney
Paatrani Machchi

Im Süden Indiens werden die großen Blätter der Bananenstauden oft zum Kochen oder beim Servieren als Teller eingesetzt. Hier werden Fischfilets mit aromatischem Chutney in die glänzend grünen Blätter gehüllt, damit sie beim Dämpfen schön saftig bleiben. Wenn die Hüllen bei Tisch geöffnet werden, entfaltet das Gericht die unverwechselbaren Düfte der südindischen Küche.

FÜR 4 PERSONEN

1 Portion Koriander-Chutney (s. S. 245)
1 großes, frisches Bananenblatt*
Pflanzen- oder Erdnussöl, zum Einfetten
4 weiße Fischfilets, z. B. Pomfret (Brachsenmakrele) oder Seezunge, à 150 g
Salz und Pfeffer
Limetten- oder Zitronenspalten, zum Servieren

1 Das Koriander-Chutney mindestens 2 Stunden im Voraus zubereiten, damit die Aromen gut durchziehen können.

2 Aus dem Bananenblatt 4 Quadrate schneiden, die so groß sind, dass man bequem die Fischfilets darin verpacken kann (ca. 25 cm x 25 cm).

3 Die Unterseite eines Bananenblatt-Quadrats ganz leicht einölen. Ein Fischfilet mit der fleischigen Seite nach oben in die Mitte der geölten Seite des Blatts legen. Das Fischfilet mit einem Viertel des Koriander-Chutneys bestreichen und mit Salz und Pfeffer würzen.

4 Zuerst die eine, dann die andere Seite des Blatts über das Fischfilet klappen. Dann die beiden Enden des Blattpäckchens zur Mitte falten. Die Enden vorher abschneiden, wenn das Päckchen sonst zu dick wird.

5 Das Blattpäckchen mit 2 Holzspießchen verschließen. Den Vorgang mit den übrigen Zutaten und Bananenblatt-Quadraten wiederholen. Die vorbereiteten Fischpäckchen können, falls erforderlich, mehrere Stunden im Kühlschrank aufbewahrt werden.

6 Einen Dämpfer, der so groß ist, dass alle Fischpäckchen in einer Lage hineinpassen, so auf einen Topf mit kochendem Wasser setzen, dass das Wasser den Fisch nicht berührt. Die Fischpäckchen hineinlegen, den Deckel auflegen und den Fisch 15 Minuten dämpfen. Danach ein Päckchen öffnen, um zu kontrollieren, ob der Fisch durchgegart ist.

7 Die verschlossenen Fischpäckchen mit Limetten- oder Zitronenspalten servieren, sodass die Gäste sie selbst öffnen und sich an dem köstlichen Duft erfreuen können.

**Tipps*

Frische Bananenblätter findet man in asiatischen Lebensmittelläden. Ein großes Blatt dürfte ausreichen, um die für dieses Rezept benötigten 4 Quadrate zuzuschneiden; sonst müssen Sie 2 Blätter nehmen. Falls Sie keine Bananenblätter bekommen, verwenden Sie Alufolie – mit der glänzenden Seite nach oben. Achten Sie darauf, die Kanten dicht zu verschließen, damit der aromatische Sud nicht heraussickert.

Die Bananenblatt-Quadrate lassen sich besser falten, wenn man sie kurz in eine Schüssel mit kochend heißem Wasser taucht, bis sie geschmeidig werden. Sie müssen jedoch trocken sein, bevor man sie in Schritt 3 einölt.

Fischcurry nach Balti-Art

Machchli Masala

Das ist ein Gericht für alle, denen die herzhaft gewürzten Gerichte, wie man sie in Nordindien serviert, lieber sind als die mit Kokosnuss aromatisierten Speisen des Südens.

FÜR 4–6 PERSONEN

900 g dicke Fischfilets, z. B. Meerbarbe, Kabeljau, Heilbutt oder Seeteufel, abgespült und in große Würfel geschnitten

2 Lorbeerblätter, zerzupft

150 g Ghee (s. S. 253) oder 150 ml Pflanzen- oder Erdnussöl

2 große Zwiebeln, gehackt

1 TL Salz

150 ml Wasser

frisch gehackter Koriander, zum Garnieren

Marinade

1/2 EL Knoblauch-Ingwer-Paste (s. S. 27)

1 frische grüne Chili, entkernt und gehackt

1 TL gemahlener Koriander

1 TL gemahlener Kreuzkümmel

1/2 TL gemahlene Kurkuma

1/4–1/2 Chilipulver

Salz

1 EL Wasser

1 Für die Marinade Knoblauch-Ingwer-Paste, Chili, Koriander, Kreuzkümmel, Kurkuma, Chilipulver und nach Belieben Salz in einer großen Schüssel vermengen. Nach und nach das Wasser unterrühren, sodass eine dünnflüssige Paste entsteht. Die Fischwürfel zugeben und in der Marinade wenden, bis sie gut bedeckt sind. Die Lorbeerblätter unterheben und alles 30 Minuten bis 4 Stunden zum Marinieren in den Kühlschrank stellen.

2 Den Fisch 15 Minuten vor der Zubereitung aus dem Kühlschrank nehmen. Das Ghee in einem Kadhai, einem Wok oder einer großen Pfanne bei mittlerer Hitze zerlassen. Die Zwiebeln zugeben, mit dem Salz bestreuen und unter häufigem Rühren 8 Minuten dünsten, bis sie leicht gebräunt sind.*

3 Den Fisch mit den Lorbeerblättern in die Pfanne geben und das Wasser vorsichtig unterrühren. Kurz aufkochen, dann sofort die Hitze reduzieren und den Fisch 4–5 Minuten sanft köcheln. Dabei laufend die Sauce über den Fisch löffeln und die Fischwürfel vorsichtig in der Pfanne wenden, bis sie durchgegart sind und leicht zerfallen. Das Gericht nochmals abschmecken und mit Koriander garnieren.

**Tipp*

Die Zwiebeln in Schritt 2 nicht zu stark bräunen, sonst schmeckt das Gericht bitter. Sie sollten goldgelb, aber noch nicht braun sein, wenn Sie den Fisch in die Pfanne geben.

Meeresfrüchte-Curry nach Goa-Art

Goa Che Nalla chi Kadi

Dieses leicht und schnell zuzubereitende Gericht mit Senfsamen, Curryblättern und cremiger Kokossauce ist eigentlich für den ganzen Süden Indiens typisch, nicht nur für das tropische Goa an der Westküste. Allerdings regiert die Kokosnuss in Goa wie nirgends sonst: Kokosfleisch und -saft werden an zahllose süße und pikante Gerichte gegeben, und die geschnitzten Schalen sind bei den Touristen als Souvenir beliebt.

FÜR 4–6 PERSONEN

3 EL Pflanzen- oder Erdnussöl
1 EL schwarze Senfsamen
12 frische oder 1 EL getrocknete Curryblätter
6 Schalotten, fein gehackt*
1 Knoblauchzehe, zerdrückt
1 TL gemahlene Kurkuma
1/2 TL gemahlener Koriander
1/4–1/2 TL Chilipulver
150 g Kokoscreme, geraspelt und in 300 ml kochend heißem Wasser aufgelöst
500 g dickes weißes Fischfilet, z. B. Kabeljau oder Seeteufel, in großen Würfeln
450 g große, rohe Garnelen, ausgelöst
Saft und Zesten von 1 Limette
Salz
Limettenspalten, zum Servieren

1 Das Öl in einem Kadhai, einem Wok oder einer großen Pfanne auf hoher Stufe erhitzen. Die Senfsamen zugeben und ca. 1 Minute braten, bis sie platzen. Die Curryblätter zufügen.

2 Schalotten und Knoblauch zugeben und ca. 5 Minuten mitbraten, bis sich die Schalotten goldgelb färben. Kurkuma, Koriander und Chilipulver zufügen und alles ca. 30 Sekunden braten.

3 Die aufgelöste Kokoscreme untermengen. Kurz aufkochen, die Hitze auf mittlere Stufe reduzieren und alles weitere 2 Minuten rühren.

4 Die Hitze auf niedrigste Stufe herunterschalten, die Fischwürfel zugeben und 1 Minute köcheln, dabei die Sauce über den Fisch löffeln und diesen sehr vorsichtig wenden. Die Garnelen zugeben und alles weitere 4–5 Minuten köcheln, bis das Fischfleisch durchgegart ist und die Garnelen sich rosa verfärben.

5 Die Hälfte des Limettensafts zugeben, dann mit weiterem Limettensaft und Salz abschmecken. Mit der Limettenzesten garnieren und mit Limettenspalten servieren.

**Tipp*

Die Schalotten lassen sich leichter schälen, wenn Sie sie vor dem Schälen 30–45 Sekunden in einen Topf mit kochendem Wasser geben. Dann gut abtropfen lassen und den Wurzelansatz mit einem Messer abschneiden; jetzt sollte sich die Schale leicht ablösen lassen.

Garnelen-Puris

Jhinga Puri

Dieser beliebte Restaurantklassiker lässt sich zu Hause leicht nachkochen. Auch die frittierten Puris sind nicht weiter kompliziert, aber denken Sie daran, den Teig vor dem Frittieren 20 Minuten ruhen zu lassen. Sie können dieses Gericht als Vorspeise oder Hauptgang servieren, oder Sie machen Mini-Puris und reichen die Garnelenmischung als Dip dazu.

FÜR 6 PERSONEN

2 TL Koriandersamen
1/2 TL schwarze Pfefferkörner
1 große Knoblauchzehe, zerdrückt
1 TL gemahlene Kurkuma
1/4–1/2 TL Chilipulver
1/2 TL Salz
40 g Ghee (s. S. 253) oder 3 EL Pflanzen- oder Erdnussöl
1 Zwiebel, gerieben
800 g Tomaten aus der Dose
1 Prise Zucker
500 g kleine, gekochte Garnelen, ausgelöst
1/2 TL Garam masala (s. S. 251), plus etwas mehr zum Garnieren
1/2 Portion Puris* (s. S. 240), warm gehalten
frischer Koriander, zum Garnieren

1 Koriandersamen, Pfefferkörner, Knoblauch, Kurkuma, Chilipulver und Salz in einer kleinen Küchenmaschine, einer Gewürzmühle oder einem Mörser zu einer dicken Paste verarbeiten.

2 Das Ghee in einem Kadhai, einem Wok oder einer großen Pfanne bei mittlerer Hitze zerlassen. Die Gewürzpaste zugeben und unter Rühren ca. 30 Sekunden anbraten.

3 Die Zwiebel zugeben und alles weitere 30 Sekunden anbraten. Die Tomaten mit ihrem Saft und den Zucker unterrühren. Alles unter Rühren aufkochen und 10 Minuten bei mittlerer Hitze köcheln, dabei die Tomaten an der Pfannenseite zerdrücken. Die Sauce einkochen, bis sie dickflüssig ist. Nach Belieben mit Salz abschmecken.

4 Die Garnelen untermengen und mit Garam masala bestreuen. Wenn die Garnelen erhitzt sind, die heißen Puri-Fladen auf Teller legen und auf jedem Fladen eine Portion Garnelen anrichten. Mit Koriander und Garam masala garnieren.

**Tipp*

Frittierte Puris werden am besten direkt aus der Pfanne serviert, weshalb es sich empfiehlt, mehrere Pfannen zur Verfügung zu haben. Das Gericht wird traditionell auf knusprigen Puris gereicht, aber wenn Ihnen das Frittieren zu viel Aufwand ist, können Sie auch Chapati- oder Naan-Brote nehmen.

Gegrillte Makrele
Bhangde Lonchen

Das schnell zubereitete Fischgericht mit knusprig gerösteten Gewürzen schmeckt heiß aus der Pfanne serviert oder zimmerwarm gleichermaßen köstlich.

FÜR 4 PERSONEN

4 EL Pflanzen- oder Erdnussöl, plus etwas mehr zum Einfetten
fein abgeriebene Schale und Saft von 1 Limette
Salz und Pfeffer
4 große Makrelenfilets à 175 g*
1 1/2 TL Kreuzkümmelsamen
1 1/2 TL schwarze Senfsamen
1 1/2 TL Schwarzkümmelsamen
1 1/2 TL Fenchelsamen
1 1/2 TL Koriandersamen
4-cm-Stück frische Ingwerwurzel, sehr fein gehackt
2 Knoblauchzehen, sehr fein gehackt
3 Schalotten, sehr fein gehackt
1 Prise Chilipulver
frische rote Chillies, entkernt, in sehr feinen Ringen, zum Garnieren
Limettenspalten, zum Servieren

1 2 Esslöffel Öl, Limettenschale und -saft sowie nach Belieben Salz und Pfeffer in einer Schüssel vermengen, in die die Makrelenfilets flach hineinpassen. Die Makrelenfilets in der Marinade wenden, bis sie mit Marinade gut bedeckt sind, und mindestens 10 Minuten zum Marinieren beiseite stellen oder bis zu 4 Stunden kalt stellen.

2 Inzwischen den Backofengrill vorheizen und einen Grillrost leicht einölen.

3 Den Fisch, falls er kalt gestellt wurde, 15 Minuten vor dem Grillen aus dem Kühlschrank nehmen. Die Makrelenfilets mit der Haut nach unten in ca. 10 cm Entfernung von der Hitzequelle ca. 6 Minuten grillen, bis das Fleisch durchgegart ist und sich mit der Messerspitze leicht ablösen lässt.

4 Währenddessen 2 Esslöffel Öl in einem Kadhai, einem Wok oder einer großen Pfanne auf mittlerer Stufe erhitzen. Kreuzkümmel-, Senf-, Schwarzkümmel-, Fenchel- und Koriandersamen zugeben und rühren, bis die Senfsamen platzen und die Koriander- und Kreuzkümmelsamen ganz leicht bräunen. Dann die Pfanne sofort vom Herd nehmen. Ingwer, Knoblauch, Schalotten und Chilipulver zugeben und alles 1 Minute rühren.

5 Die Makrelenfilets auf Servierteller legen und die Gewürzmischung darüber geben. Mit Chiliringen garnieren und mit Limettenspalten servieren.

**Tipp*
Das pikante Aroma passt auch gut zu anderen fettreichen Fischfilets, wie z. B. Hering, Lachs oder Thunfisch.

Fischfilet in Chili-Joghurt

Dahi Pamplet

Fisch gehört zur Alltagskost der Bengalen, die dieses Gericht mit Pomfret (Brachsenmakrele) zubereiten, dessen aromatisches, zartes Fleisch in Indien äußerst beliebt ist. Sie können stattdessen auch Scholle oder Seezunge nehmen.

FÜR 4 PERSONEN

2 EL Pflanzen- oder Erdnussöl

1 große Zwiebel, in Ringen

4-cm-Stück frische Ingwerwurzel, fein gehackt

1/2 TL Salz

1/2 TL gemahlene Kurkuma

1 Prise gemahlener Zimt

1 Prise gemahlene Gewürznelke

200 g Naturjoghurt

1 EL Mehl

1 kleine Prise Chilipulver

Salz und Pfeffer

30 g Ghee (s. S. 253) oder 2 EL Pflanzen- oder Erdnussöl

4 Pomfret-Filets (ohne Haut) à 150 g, trockengetupft

2 große, frische grüne Chillies, entkernt und fein gehackt

1 Das Öl in einer großen Pfanne auf mittlerer Stufe erhitzen. Die Zwiebel zugeben und unter Rühren ca. 8 Minuten andünsten, bis sie gebräunt ist. Den Ingwer zugeben und alles 1 weitere Minute anbraten.

2 Salz, Kurkuma, Zimt und Gewürznelke zugeben und 30 Sekunden mitrühren. Die Pfanne vom Herd nehmen und den Joghurt unter ständigem kräftigem Rühren portionsweise untermengen.

3 Die Joghurtmischung im Mixer oder in der Küchenmaschine zu einer Paste verarbeiten.

4 Das Mehl nach Belieben mit Chilipulver, Salz und Pfeffer würzen.

5 Das Ghee in der ausgewischten Pfanne bei mittlerer bis hoher Hitze zerlassen. Wenn sich Bläschen bilden, die Hitze etwas reduzieren und die Fischfilets darin in einer Lage ca. 2 1/2 Minuten anbraten, bis sie goldgelb sind, dann wenden.

6 Die Filets 1 weitere Minute braten, dann die Joghurtsauce in die Pfanne geben und unter Rühren erhitzen. Wenn die Filets durchgegart sind und die Sauce heiß ist, den Fisch mit der Sauce auf Tellern anrichten und mit den gehackten Chillies garnieren.

Frischer Fisch kommt nicht nur von den indischen Meeresküsten, sondern auch aus Flüssen und Binnengewässern.

Fisch-Pakoras
Machchli Pakora

Nach einem Bummel durch die Altstadt von Kochi in Kerala bieten sich auf dem Fischmarkt am Hafen frisch zubereitete Fisch-Pakoras als leichtes Mittagessen an. Sie sind auch als einfaches Mittagessen zu Hause oder als Appetithappen zu kühlen Getränken bestens geeignet.

FÜR 4–6 PERSONEN

1/2 TL Salz

2 EL Zitronensaft oder Branntweinessig

Pfeffer

700 g weißes Fischfilet, z. B. Kabeljau, Heilbutt oder Seeteufel, gewaschen, trockengetupft, in großen Würfeln

Pflanzen- oder Erdnussöl, zum Frittieren

Zitronenspalten, zum Servieren

Ausbackteig

140 g Kichererbsenmehl (Besanmehl)

Samen aus 4 grünen Kardamomkapseln

1 große Prise gemahlene Kurkuma

1 große Prise Natron

fein abgeriebene Schale von 1 Zitrone

Salz und Pfeffer

175 ml Wasser

1 Salz, Zitronensaft und nach Belieben Pfeffer in eine große Schüssel geben und verrühren, die Fischwürfel gründlich darin wenden und 20–30 Minuten durchziehen lassen.

2 Inzwischen den Ausbackteig zubereiten:* Das Mehl in eine Schüssel geben. Kardamomsamen, Kurkuma, Natron, Zitronenschale sowie nach Belieben Salz und Pfeffer unterrühren. Eine Mulde in die Mitte drücken und nach und nach das Wasser unterrühren, bis ein Teig von der Konsistenz flüssiger Sahne entsteht.

3 Die Fischwürfel vorsichtig unter den Teig heben, damit sie nicht zerfallen.

4 Reichlich Öl zum Frittieren in einem Kadhai, einem Wok, einer Fritteuse oder einem großen Schmortopf auf 180 °C erhitzen (ein Brotwürfel bräunt darin innerhalb von 30 Sekunden). Die Fischstücke aus dem Teig nehmen, überschüssigen Teig in die Schüssel abtropfen lassen. So viele Fischstücke, wie gut in den Topf passen, ins heiße Öl geben und 2 1/2–3 Minuten frittieren, bis sie goldgelb sind.

5 Den fertig frittierten Fisch mit einem Schaumlöffel aus dem Öl nehmen und auf Küchenpapier abtropfen lassen. So fortfahren, bis alle Fischstücke frittiert sind. Die Fisch-Pakoras heiß mit Zitronenspalten servieren.

**Tipp*

Den Teig kann man mehrere Stunden im Voraus zubereiten und mit Frischhaltefolie abgedeckt beiseite stellen. Vor der Verwendung gut durchrühren und bei Bedarf noch etwas Wasser untermengen: Wenn der Teig zu dickflüssig ist, bleibt er beim Frittieren innen roh.

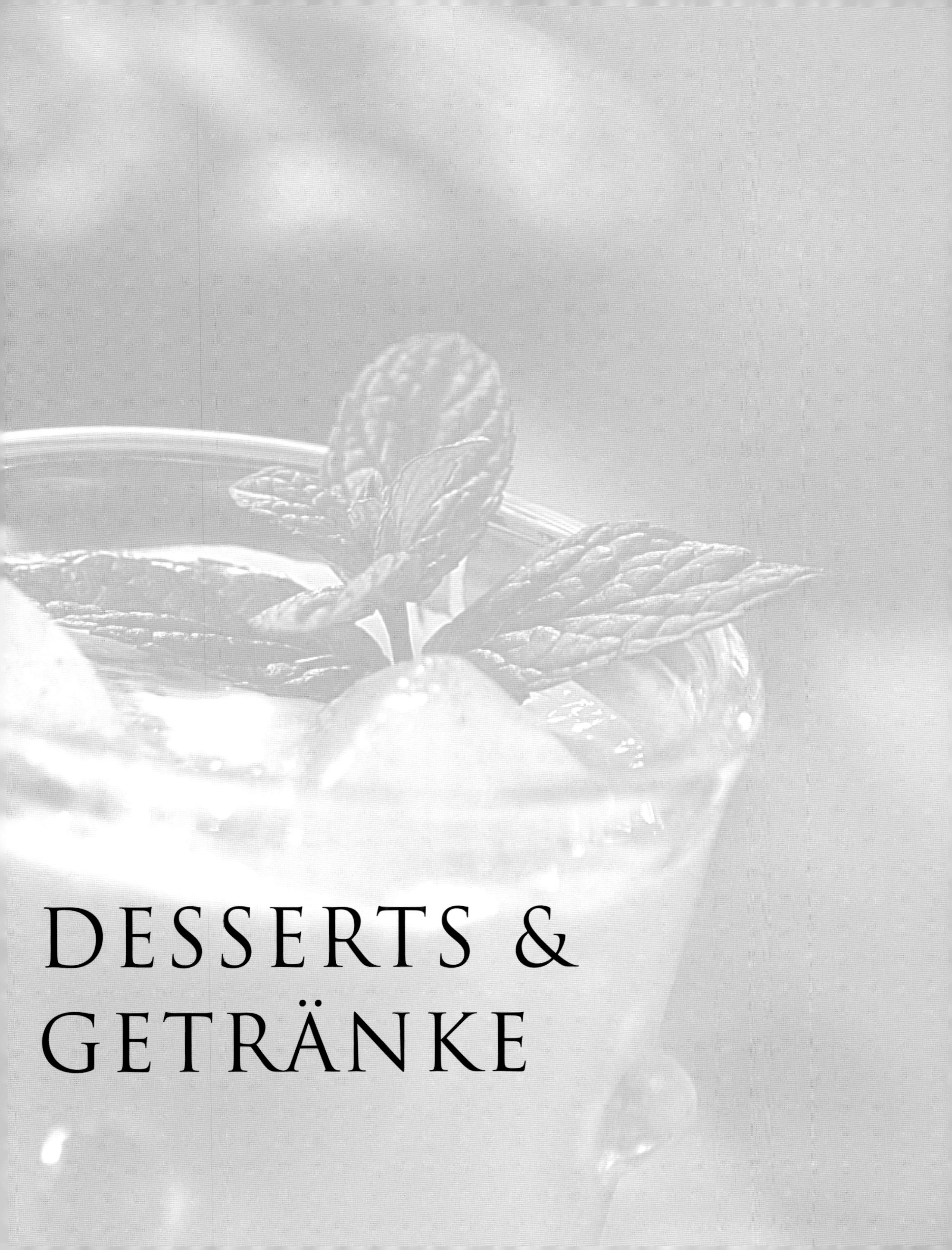

DESSERTS & GETRÄNKE

Obwohl die Inder für ihre Naschlust bekannt sind, gibt es zum Abschluss eines alltäglichen Mahls selten eine Süßspeise, sondern eher einen je nach Saison zusammengestellten Obstteller. Unwiderstehlich ist allerdings das farbenprächtige und verführerische Angebot der vielen *Mithai*, der Süßwarengeschäfte, die man vor allem in den Großstädten findet.

Besonders berühmt sind die süßen Spezialitäten der Bengalen, und die *Mithai*-Läden in Kolkata sind stets gut besucht. Manche Süßigkeiten werden mit Varak, hauchdünner Silberfolie, überzogen, was die Auslagen noch prächtiger erscheinen lässt.

Bei besonderen Anlässen wie Hochzeiten und religiösen Festen gibt es Süßspeisen im Überfluss. Die bekanntesten indischen Leckereien werden mit Milchprodukten zubereitet oder in Ghee gebraten und sind daher äußerst üppig und sättigend.

Auf den ersten Blick scheinen einige beliebte indische Süßspeisen unseren Desserts zu ähneln, doch bei genauerem Betrachten der Rezepte erkennt man, dass sie unverwechselbar indisch sind. Kheer (s. S. 200), ein traditioneller Reispudding aus Nordindien, wird mit Kardamom aromatisiert, mit Pistazien garniert und mitunter mit Varak-Silberfolie dekoriert – wie einst für die Festtafel der Mogulen. Er ist viel süßer und cremiger als unser Milchreis und wird oft bei hinduistischen Festen serviert, da es heißt, der Gott Rama sei von seiner Mutter empfangen worden, nachdem sie eine göttliche Portion Kheer verzehrt habe.

Shahi Tukra, ein indischer Brotauflauf (s. S. 206), der aus Brotscheiben, die in Ghee gebraten werden, zubereitet und mit Kardamom und Safran gewürzt wird, ist ebenfalls ein Vermächtnis der Mogul-Zeit und so gehaltvoll, dass er heute besonderen Anlässen vorbehalten bleibt.

Auch wenn in Europa Süßspeisen aus Karotten und Pastinaken zubereitet werden, sind diese nicht mit den außerordentlich süßen und sättigenden Karotten-Halwa (s. S. 203) aus dem Punjab und Gujarat zu vergleichen. Das mit Kardamom und Pistazien aromatisierte Gericht ist ein Muss bei Hochzeitsfeiern der Hindus und Sikhs, wo es meist mit Varak überzogen gereicht wird. Man kann es heiß oder kalt und mit oder ohne Sahne bzw. Eiscreme genießen. Die leuchtend orangeroten Karotten von Gujarat verleihen ihm einen besonders satten Farbton.

Ein sehr sahniges und raffiniertes Dessert ist Shrikhand-Creme aus eingedicktem Joghurt mit Granatapfel (s. S. 207); der Name bedeutet: „Ambrosia der Götter". Die erlesenen Aromen von Kardamom und Safran machen dieses erstaunlich preiswerte Gericht zu etwas ganz Besonderem. In Maharashtra serviert man Shrikhand-Creme traditionell mit frisch frittierten Puris (s. S. 240), doch sie schmeckt auch mit frischen Tropenfrüchten, wie z. B. Mango, Passionsfrucht, Melone oder sogar Banane, äußerst köstlich.

Ein weiteres preiswertes Dessert von extravaganter Aromafülle ist Payasam (s. S. 201) aus Südindien: Fadennudeln (ähnlich wie italienische Vermicelli) in gesüßter Milch mit Mandeln und Kokosnuss gegart. Während des muslimischen Fastenmonats Ramadan wird es oft zum üppigen Nachtmahl nach dem langen Fastentag gereicht.

Kulfi, die indische Eiscreme, die traditionell in hohen Kegelformen gefroren wird, ist die Lieblingsspeise zahlloser Leckermäuler überall in Indien, ob Jung oder Alt. Fast jeder weiß diese eiskalte Köstlichkeit zu

schätzen, doch kaum jemand bereitet sie zu Hause selbst zu. Nicht, weil das besonders schwierig wäre, sondern weil es sie überall in jeder nur erdenklichen Geschmacksrichtung zu kaufen gibt. Auf Seite 204 finden Sie eine mit Mandeln und Safran zubereitete Version.

In Indien trinkt man selten Alkohol zum Essen, am ehesten noch eiskaltes indisches Bier. In manchen Staaten ist der Alkoholausschank verboten; ansonsten sind ausländische Weine und Spirituosen so hoch besteuert, dass sie selbst im Fünf-Sterne-Hotel zum Luxus werden. Schaumwein aus Maharashtra passt erstaunlich gut zu vielen würzigen Gerichten. Ein angenehm kühlendes Getränk zum Essen ist Salziges Lassi (s. S. 212) aus Joghurt und Wasser. Mango-Lassi (s. S. 213) ist eine erfrischende Version für heiße Tage, ebenso wie der scharf-säuerliche Ingwer-Saft (s. S. 217) mit Zitrone. Beliebtes Alltagsgetränk der Inder ist der mit ganzen Gewürzen aromatisierte Masala-Tee (s. S. 214), den man schwarz oder mit Milch genießen kann. In Indien serviert man ihn stets heiß, doch gekühlt wird er zum idealen Durstlöscher. Der Pistazien-Mandel-Milchshake auf Seite 216 ist so nahrhaft, dass man ihn am besten nur in kleinen Gläsern serviert.

In Indien trinkt man selten Alkohol zum Essen, am ehesten noch eiskaltes indisches Bier.

Links *Ein Süßwarenverkäufer bei der Herstellung von Süßspeisen an seinem Stand*

Folgende Doppelseite *Frauen in Festkleidung bei einem der vielen landesweit und lokal gefeierten religiösen Feste*

श्री 108
वचनों द्वारा माह-सुदी
समापन होगी ।
दोपहर:-
बजे तक होगा।
बजे तक

Kheer
Kheer

Als eine der beliebtesten Süßspeisen Indiens steht Kheer auf den Speisekarten aller Restaurants und darf auch bei Hochzeitsfeiern und religiösen Festen der Hindus und Muslime nicht fehlen. Das köstlich cremige Dessert aus Nordindien kann man warm oder gekühlt, dick- oder dünnflüssig servieren und mit verschiedensten Gewürzen und Früchten aromatisieren. Probieren Sie diese zart gewürzte Version gut gekühlt mit frischer Ananas oder mit Mangospalten.

FÜR 4–6 PERSONEN

80 g Basmatireis
1,2 l Milch
Samen aus 4 grünen Kardamomkapseln
1 Zimtstange
100 g Zucker (nach Belieben)

Zum Servieren

brauner Rohrzucker (nach Belieben)
geröstete Pistazien, gehackt (nach Belieben)

1 Den Basmatireis unter fließend kaltem Wasser waschen, bis das Wasser klar bleibt. Den Reis mit Wasser bedecken und 30 Minuten einweichen. Abgießen und beiseite stellen.

2 Einen Kochtopf mit kaltem Wasser ausspülen und nicht abtrocknen. Die Milch in den Topf gießen, Kardamomsamen und Zimtstange zugeben, dann Reis und Zucker unterrühren.

3 Die Milch bei mittlerer Hitze unter Rühren langsam zum Kochen bringen. Die Hitze auf niedrigste Stufe reduzieren und die Milch-Reis-Mischung unter häufigem Rühren ca. 1 Stunde köcheln, bis der Reis sehr weich und die Milch eingedickt ist. Wenn der Reis gar ist, können Sie nach Belieben noch etwas Milch unterrühren, um den Reispudding dünnflüssiger zu machen, oder das Ganze noch etwas länger köcheln, wenn Sie es dickflüssiger wünschen.

4 Den Reispudding in Portionsschälchen geben, mit Rohrzucker bestreuen und sofort warm servieren oder in eine Schüssel umfüllen und unter häufigem Rühren vollständig abkühlen lassen. Dann abdecken und bis zum Servieren kalt stellen. Den Reispudding zum Servieren in Schälchen geben und nach Belieben mit Rohrzucker und Pistazien bestreuen.*

**Tipp*

Besonders festlich wirkt das Dessert, wenn Sie es abschließend mit Zimtpulver bestreuen.

Payasam

Payasam

Diese klassische indische Süßspeise wird aus Sevian, ganz dünnen Weizennudeln, zubereitet.

FÜR 4–6 PERSONEN

30 g Ghee (s. S. 253) oder 2 EL Pflanzen- oder Erdnussöl
175 g Sevian-Nudeln oder Vermicelli, in 7,5 cm lange Stücke gebrochen
40 g Mandeln oder Cashewkerne
1 l Milch
60 g Kokoscreme, zerbröselt
6 EL Zucker, plus etwas mehr zum Servieren
2 EL Rosinen
1 Prise Salz

1 Das Ghee in einem Kadhai, einem Wok oder einem großen Topf* bei mittlerer Hitze zerlassen. Die Nudeln zugeben und 1–2 Minuten rühren, bis sie ganz leicht bräunen. Die Nudeln mit einem Schaumlöffel aus dem Topf nehmen und beiseite stellen.

2 Die Mandeln bzw. Cashewkerne in den Topf geben und unter Rühren etwas anbräunen. Dann sofort Milch, Kokoscreme, Zucker, Rosinen und Salz unterrühren.

3 Die Nudeln zurück in den Topf geben. Die Milch zum Kochen bringen, die Hitze reduzieren und das Gericht ohne Deckel unter ständigem Rühren ca. 30 Minuten köcheln, bis die Nudeln weich sind und die Milch eingedickt ist. Das fertige Gericht nach Belieben mit zusätzlichem Zucker süßen.

**Tipp*

Wenn Sie weder einen Kadhai noch Wok haben, nehmen Sie einen Topf mit möglichst großem Durchmesser: Je größer der Durchmesser des Topfs, desto rascher dickt die Milch ein. Verwenden Sie einen schweren Schmortopf, damit die Milch nicht am Boden ansetzt und anbrennt.

Karotten-Halwa

Gajar ka Halwa

Dies ist ein Beispiel für die sehr süßen Desserts, die in Indien so beliebt sind. Das gehaltvolle Gericht, das aus dem Punjab und Nordindien stammt, kann warm oder gekühlt verzehrt werden. Im Winter serviert man es oft heiß mit Eiscreme.

FÜR 4–6 PERSONEN

700 ml Milch

150 g Schlagsahne

500 g Karotten, grob geraspelt

80 g Zucker

1 EL dunkelbrauner Rohrzucker

60 g Ghee (s. S. 253) oder Butter, zerlassen

100 g gemahlene Mandeln

Samen aus 6 grünen Kardamomkapseln, grob zerstoßen

3 EL Rosinen

*Garnierung**

abgezogene, geröstete und gehackte Mandeln oder Pistazien

1 Einen großen Schmortopf mit kaltem Wasser ausspülen und nicht abtrocknen. Milch und Sahne in den Topf gießen und die Karotten unterrühren. Die Milch-Karotten-Mischung bei starker Hitze unter Rühren langsam zum Kochen bringen.

2 Die Hitze auf niedrigste Stufe reduzieren und die Milch-Karotten-Mischung unter häufigem Rühren ca. 2 Stunden köcheln, bis die Milch weitgehend eingekocht ist.

3 Den weißen und braunen Zucker unterrühren und alles weitere 30 Minuten köcheln, dabei immer wieder rühren, damit die Mischung nicht am Topfboden ansetzt.

4 Ghee, Mandeln, Kardamomsamen und Rosinen unterrühren. Unter ständigem Rühren köcheln, bis die Mischung gut eingedickt ist und sich eine dünne Schicht Ghee auf der Oberfläche absetzt.

5 Das Halwa nochmals gut durchrühren und in eine Servierschüssel umfüllen. Mit gehackten Mandeln oder Pistazien garnieren.

Tipp

Bei indischen Hochzeiten oder anderen festlichen Anlässen dekoriert man dieses Gericht mit Varak – hauchdünner, essbarer Folie aus Silberstaub. Sie ist jedoch in Deutschland kaum erhältlich.

Obst und Gemüse sind ein zentraler Bestandteil der indischen Kost.

Kulfi mit Safran und Mandeln

Kesar Badaam Kulfi

Von Kulfi, der indischen Eiscreme, gibt es eine schier grenzenlose Zahl von Geschmacksvariationen, die mit praktisch jeder Art von frischen Früchten, Nüssen und Gewürzen zubereitet werden. Diese Version mit goldgelbem Safran spiegelt die Mogul-Tradition des cremigen Desserts wider: Alte Schriften beschreiben die Zubereitung eines solchen Rezepts für die verschwenderischen Festmahle, zu denen im späten 16. und frühen 17. Jahrhundert der Großmogul Akbar lud. In Indien wird Kulfi in hohen Kegelformen aus Metall oder Kunststoff gefroren. Sie können stattdessen auch tiefkühlgeeignete Souffléförmchen verwenden.

FÜR 4 PERSONEN

1/2 TL Safranfäden

75 ml Milch

1 EL Reismehl

1/2 EL gemahlene Mandeln

225 g Kondensmilch

225 g Crème double

2 EL Zucker

2 EL abgezogene, geröstete und gehackte Mandeln, zum Garnieren

1 Eine Pfanne ohne Fett auf hoher Stufe erhitzen, die Safranfäden hineingeben und unter Rühren anrösten, bis sie ihren Duft entfalten, dann sofort aus der Pfanne nehmen.

2 Die Hitze auf mittlere Stufe reduzieren, die Milch in die Pfanne gießen, Safranfäden zugeben und die Milch erhitzen, bis sich am Rand kleine Bläschen bilden. Die Pfanne vom Herd nehmen und die Safranmilch mindestens 15 Minuten ziehen lassen. Inzwischen Reismehl und gemahlene Mandeln in einer hitzebeständigen Schüssel vermengen. Einen flachen, leeren Gefrierbehälter in den Gefrierschrank stellen.

3 Die Safranmilch erneut erhitzen, bis sich kleine Bläschen am Rand bilden, dann die Milch sehr gut unter die Mandelmischung rühren, sodass alle Klümpchen aufgelöst werden.

4 Die Kondensmilch in einem Topf bei mittlerer Hitze unter Rühren zum Kochen bringen. Vom Herd nehmen und mit der Milch-Mandelmischung verrühren. Crème double und Zucker unterrühren.

5 Den Topf zurück auf den Herd stellen und die Mischung bei mittlerer Hitze unter Rühren 5–10 Minuten leicht köcheln, aber nicht kochen, bis sie eindickt. Vom Herd nehmen und unter häufigem Rühren abkühlen lassen.

6 Die Mischung in den Gefrierbehälter gießen und 30 Minuten in den Gefrierschrank stellen, dann durchrühren, um große Eiskristalle zu zerkleinern. Alle 30 Minuten durchrühren, bis die Eiscreme fast fest ist. 4 Souffléförmchen in den Gefrierschrank stellen.

7 Die Mischung auf die 4 Souffléförmchen verteilen, diese mit Deckel oder Frischhaltefolie bedecken und mindestens 2 Stunden einfrieren.

8 Vor dem Servieren ein Tuch in heißes Wasser tauchen, auswringen und die Förmchen von außen damit abwischen. Die Förmchen auf Teller stürzen. Das Eis mit gehackten Mandeln bestreuen und servieren.

Indischer Brotauflauf
Shahi Tukra

Auch dieses köstliche Gericht, das der extravaganten Mogul-Küche von Hyderabad entstammt, wird mit Safran aromatisiert und gefärbt.

FÜR 4–6 PERSONEN

einige Safranfäden
150 g Crème double, plus etwas mehr zum Servieren
150 ml Milch
60 g Zucker
Samen aus 3 grünen Kardamomkapseln
1/2 Zimtstange
50 g gemischtes Trockenobst, z. B. Aprikosen, Mango und Feigen, fein gehackt
90 g Ghee (s. S. 253) oder 6 EL Pflanzen- oder Erdnussöl
6 Toastscheiben, ohne Rinde, in Dreiecke geschnitten
frisch geriebene Muskatnuss, zum Garnieren

Universitätsgebäude und Rajbai-Uhrturm am Rand des Oval-Maidan-Parks in Mumbai

1 Einen Topf ohne Fett auf hoher Stufe erhitzen, die Safranfäden hineingeben und unter Rühren anrösten, bis sie ihren Duft entfalten. Dann sofort aus dem Topf nehmen.

2 Crème double, Milch, Zucker, Kardamomsamen, Zimtstange und Trockenobst in den Topf geben. Die Safranfäden wieder zugeben und alles auf mittlerer Stufe unter Rühren erhitzen, bis sich kleine Bläschen am Rand bilden. Die Pfanne vom Herd nehmen und die Safranmischung mindestens 15 Minuten ziehen lassen.

3 Inzwischen den Backofen auf 200 °C vorheizen und eine Auflaufform (25 cm x 20 cm) leicht einfetten.

4 Ein Drittel des Ghee in einer großen Pfanne bei mittlerer Hitze zerlassen. So viele Brotscheiben hineingeben, wie in einer Lage in die Pfanne passen, goldbraun anbraten, dann wenden und von der anderen Seite braten. Brotscheiben aus der Pfanne nehmen und auf Küchenpapier abtropfen lassen. So fortfahren, dabei nach Bedarf weiteres Ghee zugeben.

5 Die Brotscheiben in die Auflaufform schichten und mit der Safranmischung übergießen; dabei die Zimtstange entfernen. Den Brotauflauf ca. 20 Minuten backen, bis er goldbraun ist. Einige Minuten stehen lassen, dann mit frisch geriebenem Muskat bestreuen und heiß servieren; dazu etwas gekühlte Crème double reichen.

Shrikhand mit Granatapfel

Shrikhand Anaari

Dies ist die westindische Methode, ganz normalen Joghurt in eine üppig sahnige Dessertcreme zu verwandeln. Dazu passt eigentlich jede Art von Obst, aber nutzen Sie die Gelegenheit, die Creme mit den exotischsten Früchten zu kombinieren, die Sie finden können. Dazu reicht man traditionell heiße Puris (s. S. 240), aber Shrikhand-Creme ist auch für sich genommen schon eine gehaltvolle Nachspeise.

FÜR 4 PERSONEN

1 kg Naturjoghurt

1/4 TL Safranfäden

2 EL Milch

60 g Zucker (nach Belieben)

Samen aus 2 grünen Kardamomkapseln

2 Granatäpfel oder andere exotische Früchte

1 Ein Sieb auf eine Schüssel setzen und mit einem Stück Musselin auslegen, das über den Rand hängt. Den Joghurt in den Musselin geben, die Ecken fest verknoten und den Musselinbeutel ca. 4 Stunden an einen Wasserhahn über das Spülbecken hängen, bis alle überschüssige Flüssigkeit abgetropft ist.

2 Die Safranfäden in einem Topf ohne Fett auf hoher Stufe unter Rühren anrösten, bis sie ihren Duft entfalten. Dann sofort aus dem Topf nehmen. Die Milch in den Topf geben, die Safranfäden wieder zugeben und erwärmen, dann vom Herd nehmen und eine Weile ziehen lassen.

3 Den cremig eingedickten Joghurt in eine Schüssel geben, Zucker, Kardamomsamen und Safranmilch zugeben und mit dem Joghurt glatt rühren. Nach Belieben noch etwas Zucker zugeben. Abdecken und mindestens 1 Stunde kalt stellen.

4 Inzwischen die Granatäpfel in der Mitte durchschneiden und die fleischigen Kerne mit einem kleinen Teelöffel oder den Fingern herauslösen.

5 Die Joghurtcreme auf Portionsschälchen oder -teller verteilen und mit den Granatapfelkernen anrichten.*

**Tipp*

Wenn Sie das Dessert zu einem alltäglichen Familienessen reichen wollen, können Sie Safran und Kardamom weglassen und den eingedickten Joghurt nach Belieben mit Zucker, gemahlenem Ingwer und Zimt aromatisieren oder mit Bananen- oder Orangenscheiben anrichten. Die Creme schmeckt auch mit Vanille und Zucker köstlich.

Folgende Doppelseite *Der Ganges bei Varanasi (Benares) in der Provinz Uttar Pradesh*

Pikant gewürzter Obstsalat
Phal ki Chaat

Frisches Obst, einfach angerichtet, ist mitunter eine willkommene Alternative zu den üppigen indischen Süßspeisen. Dieser erfrischende, mild gewürzte Obstsalat lässt sich mit jeder Art von Früchten zubereiten – je unterschiedlicher, desto besser. Er ist ideal als Abschluss einer scharf gewürzten Mahlzeit.

FÜR 4–6 PERSONEN

fein abgeriebene Schale und Saft von 1 Limette
450 g frisches Obst, z. B. Bananen, Guaven, Orangen, Kumquats, Mangos, Melonen und Ananas*
Joghurt, zum Servieren

Würzsirup

250 g Zucker
150 ml Wasser
1 Vanillestange, längs aufgeschlitzt
1 Zimtstange, halbiert
1/2 TL Fenchelsamen
1/2 TL schwarze Pfefferkörner, grob zerstoßen
1/2 TL Kreuzkümmelsamen

1 Zuerst den Würzsirup zubereiten: Zucker, die Hälfte des Wassers, Vanillestange, Zimtstange, Fenchelsamen, Pfeffer und Kreuzkümmelsamen in einen kleinen Schmortopf geben und bei mittlerer Hitze unter Rühren langsam zum Kochen bringen. Sobald die Zuckerlösung zu kochen beginnt, nicht mehr rühren, sondern den Sirup einköcheln, bis er sich goldbraun verfärbt.

2 Jetzt vorsichtig das restliche Wasser unterrühren. Achtung: Der heiße Sirup spritzt. Gut durchrühren, um etwa gebildeten Karamell aufzulösen, den Topf vom Herd nehmen und den Sirup etwas abkühlen lassen.

3 Inzwischen Limettenschale und -saft in eine große, hitzebeständige Schüssel geben. Die einzelnen Früchte servierfertig vorbereiten, klein schneiden und in die Schüssel geben. Bananenscheiben sofort im Limettensaft wenden, damit sie sich nicht verfärben.

4 Den Sirup über das Obst gießen und vollständig abkühlen lassen. Dann die Schüssel abdecken und den Obstsalat mindestens 1 Stunde kalt stellen, bevor er mit cremigem Joghurt serviert wird.

**Tipp*

Wenn Sie Orangen, Ananas oder andere saftige Früchte verwenden, geben Sie den Saft mit in den Salat und drücken Sie Fruchthäutchen und -schalen gut über der Schüssel aus. Beim Auslösen von Fruchtsegmenten über der Schüssel arbeiten, um den Saft aufzufangen.

Salziges Lassi
Namkeen Lassi

„Salziges oder süßes Lassi?" Diese Frage muss man in Indien immer wieder beantworten. Das gekühlte Joghurtgetränk ist allgemein beliebt und wird praktisch überall serviert – im vornehmsten Hotel ebenso wie an der bescheidensten Imbissbude am Strand. Viele Inder trinken Lassi statt Bier oder Wein zum Essen.

ERGIBT 4–6 GLÄSER

700 g Naturjoghurt
1/2 TL Salz
1/4 TL Zucker
250 ml kaltes Wasser
Eiswürfel

Garnierung

gemahlener Kreuzkümmel
frische Minzezweige

1 Joghurt, Salz und Zucker in einer Schüssel gut verrühren, dann das Wasser zugeben und alles gut verquirlen, bis die Mischung schäumt.

2 Eiswürfel in 4 oder 6 Gläser geben und das Joghurtgetränk darüber gießen. Mit etwas Kreuzkümmel bestreuen und mit Minze garniert servieren.*

Wasserbüffel, die in ganz Indien in der Landwirtschaft eingesetzt werden, beim Abkühlen

**Tipp*

Für süßes Lassi: 4 Esslöffel Zucker zugeben und das Salz weglassen. Sie können das Getränk auch mit 1/2–1 Teelöffel Rosenwasser aromatisieren. Das Lassi auf die Eiswürfel gießen, mit Kreuzkümmel und gerösteten, fein gehackten Pistazien bestreuen.

Mango-Lassi

Aam ki Lassi

Cremiges, eisgekühltes Mango-Lassi ist ein unschlagbares Erfrischungsgetränk für heiße Tage. Besonders köstlich schmeckt es mit Alphonso-Mango, deren Fleisch in indischen Lebensmittelläden in Dosen angeboten wird, was zugleich Zeit bei der Zubereitung spart.

ERGIBT 4–6 GLÄSER

1 große Mango, grob gehackt*

700 g Naturjoghurt

250 ml kaltes Wasser

2 EL Zucker (nach Belieben)

frischer Limettensaft (nach Belieben)

Eiswürfel

gemahlener Ingwer, zum Garnieren (nach Belieben)

1 250 g Mangofleisch mit dem Joghurt im Mixer oder in einer Küchenmaschine glatt pürieren (übrig gebliebenes Mangofleisch z. B. zu Obstsalat verarbeiten). Das Wasser zugeben und gut untermengen.

2 Die benötigte Zuckermenge hängt davon ab, wie süß die Mango ist. Das Lassi nach Belieben mit Zucker süßen, dann mit Limettensaft abschmecken.

3 Eiswürfel in 4 oder 6 Gläser geben und das Mango-Lassi darüber gießen. Nach Belieben mit etwas gemahlenem Ingwer bestreuen.

**Tipp*

Beim Kauf frischer Mangos auf eine makellose Schale achten. Eine reife Mango gibt bei Druck auf die Schale etwas nach. Eine unreife Mango kann schneller zur Reife gebracht werden, wenn sie mit einem Apfel in einen Plastikbeutel geben wird. Den Plastikbeutel zuvor an einigen Stellen durchlöchern. Mangosaft kann dauerhafte Flecken hinterlassen.

Masala-Tee
Masalewali Chai

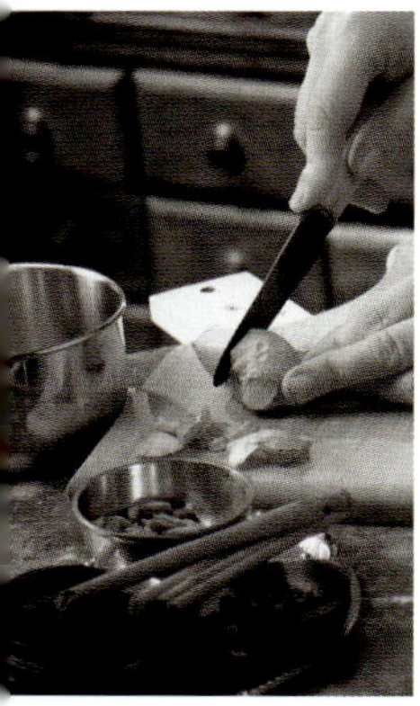

Für eine Tasse Tee oder Chai hat man in Indien immer Zeit. Jedes Büro hat einen Chai-Walla, einen Bediensteten, der Tee kocht, Straßenhändler verkaufen an jeder Ecke frisch zubereiteten Tee. Diese milchige Version wird von Nord- bis Südindien getrunken.

ERGIBT 4–6 TASSEN

1 l Wasser

2,5-cm-Stück frische Ingwerwurzel, grob gehackt

1 Zimtstange

3 grüne Kardamomkapseln, leicht zerstoßen

3 Gewürznelken

1 1/2 EL Assam-Teeblätter

Zucker (nach Belieben)

Milch (nach Belieben)

1 Das Wasser in einen schweren Topf geben, Ingwer, Zimtstange, Kardamomkapsel und Gewürznelken zugeben und alles bei mittlerer bis hoher Hitze zum Kochen bringen. Die Hitze reduzieren und das Wasser mit den Gewürzen 10 Minuten köcheln.

2 Die Teeblätter in eine Teekanne geben und mit dem Gewürzwasser übergießen. Umrühren und 5 Minuten ziehen lassen.*

3 Den Tee durch ein Sieb in Teetassen gießen. Nach Belieben Zucker und Milch zufügen.

**Tipp*

Zubereitung von Masala-Eistee: Den Tee nach Schritt 2 vollständig abkühlen lassen, dann durch ein Sieb in eine Saftkanne gießen und gut kühlen. Nach Belieben mit Zucker süßen, in hohe, mit Eiswürfeln gefüllte Gläser gießen und mit Zitronen- oder Limettenspalten reichen.

Tee wird in Indien auf den Berghängen von Darjeeling, Assam und Nilgiri angebaut; die Blätter werden von Hand geerntet.

Pistazien-Mandel-Milchshake
Pista-Badaam Doodh

Pistazien und Mandeln gedeihen in Indien im Überfluss und sind daher beliebte Zutaten für herzhafte und süße Speisen. Hier werden sie zu einem dickflüssigen, sehr gehaltvollen Milchshake verarbeitet, den man zu Feiern wie z. B. Geburtstagen, serviert. Er muss rechtzeitig im Voraus zubereitet, bis zum Servieren sehr gründlich gekühlt und vor dem Umfüllen in Gläser gut durchgerührt werden. Dieses Getränk ist so sättigend, dass man es besser in kleineren Gläsern serviert als die bei uns üblichen Milchshakes.

ERGIBT 4–6 KLEINE GLÄSER

einige Safranfäden
70 g gemahlene Mandeln
125 g Pistazien, sehr fein gehackt
3 EL heißes Wasser
400 g Kondensmilch
1 Prise Salz
2–3 Kugeln Eiscreme

1 Die Safranfäden in einer Pfanne ohne Fett bei starker Hitze unter Rühren anrösten, bis sie ihren Duft entfalten. Dann sofort aus der Pfanne nehmen.

2 Mandeln, Pistazien und Safranfäden in einer Gewürzmühle oder einem großen Mörser zu einem feinen Pulver verarbeiten. Das Wasser zugeben und alles zu einer Paste verarbeiten.

3 Die Paste in einem Mixer oder einer Küchenmaschine gründlich mit der Kondensmilch und dem Salz vermengen, dann die Eiscreme zugeben und unterrühren.* Den Milchshake in eine Kanne umfüllen und sehr gut kühlen. Vor dem Servieren nochmals gründlich durchrühren.

**Tipp*

Diese Mischung ist so dickflüssig, dass man sie auch einfrieren und als Eiscreme servieren kann: Nachdem alle Zutaten in Schritt 3 vermengt sind, die Mischung in einen Gefrierbehälter umfüllen, in den Gefrierschrank stellen und ca. alle 30 Minuten einmal durchrühren, bis sie ausreichend fest ist.

Ingwer-Saft
Adrak ka Sharbat

Das scharf-säuerliche Aroma dieses eisgekühlten Getränks wirkt besonders in den schwül-heißen Wochen vor dem Monsun äußerst erfrischend. Ingwer, eines der ältesten in Indien verwendeten Gewürze, wird auch seiner medizinischen Wirkung wegen hoch geschätzt. Er soll u. a. Magenverstimmungen lindern, weshalb man Getränke wie dieses auch gern nach ausgiebigen Mahlzeiten zu sich nimmt.

ERGIBT 4–6 GLÄSER

70 g frische Ingwerwurzel, sehr fein gehackt
1/2 EL fein abgeriebene Zitronenschale
1,2 l kochend heißes Wasser
2 EL frisch gepresster Zitronensaft (nach Belieben)
4 EL Zucker (nach Belieben)
Zitronenscheiben und Minze, zum Servieren

1 Den Ingwer mit der Zitronenschale in eine hitzebeständige Schüssel geben. Mit dem kochenden Wasser übergießen, umrühren und über Nacht ziehen lassen.

2 Die Flüssigkeit durch ein Sieb in eine große Kanne gießen. Nach Belieben Zitronensaft und Zucker zufügen, sehr gut unterrühren und nochmals abschmecken. Mit Zitrone und Minze dekoriert servieren.

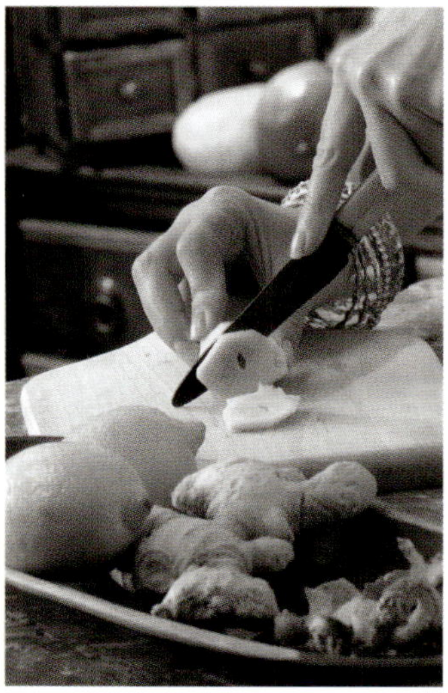

BEILAGEN

Wie anderswo in Asien auch spielen die „Beilagen" bei indischen Mahlzeiten eine viel zentralere Rolle als bei uns. Die Tradition, ein Essen in mehreren Gängen zu servieren, ist in Indien unbekannt: Hier stellt man in der Regel alle Gerichte, von der Suppe bis zum Dessert, zusammen auf den Tisch.

Traditionell werden die Mahlzeiten im *Thali*-Stil serviert: in Nordindien auf einer großen, runden Platte, in Südindien oft auf einem Bananenblatt. Zu Fleisch-, Geflügel-, Fisch- oder vegetarischen Gerichten in Portionsschüsseln, den *Katoris*, gibt es Reis und/oder Brot, eine Auswahl frischer Chutneys und cremiges Raita (s. S. 244). Und gerade die Reisgerichte, Brote und Chutneys, die bei uns eher als Nebensache betrachtet werden, machen die indische Kost durch ihre Farben- und Aromavielfalt zu einem unvergleichlichen Fest der Sinne.

Zu jeder Mahlzeit, ob mit oder ohne Fleisch, gehört eine stärkehaltige Beilage in Form von Reis, Brot oder beidem. Dabei hat das indische Brot nicht nur Nährwert, sondern ersetzt zugleich Messer und Gabel, da die meisten Inder mit den Fingern essen. Gerade Chapati (s. S. 236) oder Paratha (s. S. 239) eignen sich von der Konsistenz gut, um kleine Stücke abzureißen und damit mundgerechte Essensportionen aufzuschaufeln. Beide Brotsorten, die rasch in der Pfanne gebacken werden, sind in Indien sehr beliebt, da viele einfache indische Küchen keinen Backofen haben. Mit Treibmittel angesetztes Naan (s. S. 235), das an der Innenwand der Tandoor-Öfen gebacken wird, kauft man in Indien oft fertig an Imbiss-Ständen oder in Restaurants.

Die aus Weizenmehl gebackenen Brotsorten des Nordens sind im Süden weniger verbreitet. Hier regiert der Reis, ob gekocht oder in Form knuspriger Dosas (s. S. 243) und gedämpfter Reiskuchen, die man *Idli* nennt.

Soweit Verallgemeinerungen überhaupt möglich sind, könnte man sagen, dass Reis oft zu flüssigen Gerichten wie Rassam (s. S. 71) und Saambhar (s. S. 82), Brot hingegen zu trockeneren Gerichten wie Rogan Josh (s. S. 129) gereicht wird.

Für viele Inder, vor allem im Süden, und für die meisten Ausländer ist eine indische Mahlzeit ohne Reis unvorstellbar. Ganze Berge von Reis der verschiedensten Sorten und Qualitäten sind ein vertrauter Anblick auf allen indischen Märkten. Bei den Rezepten in diesem Buch wird durchgehend langkörniger Basmatireis aus dem Himalaja verwendet, doch ist Patnareis, der im Umland der gleichnamigen nordindischen Stadt angebaut wird, ebenso geeignet.

Für alltägliche Mahlzeiten empfiehlt sich Basmatireis nach dem Rezept auf Seite 26, doch zu besonderen Anlässen könnten Sie z. B. Gewürzten Basmatireis (s. S. 232) reichen, dessen exotischer Duft und Geschmack die ganze Würzkunst der indischen Küche widerspiegelt. Zitronenreis (s. S. 228) und Kokosreis (s. S. 231) bereichern jede Mahlzeit mit den sonnigen Aromen Südindiens. Der Fruchtige Pilaw auf Seite 227 beschwört mit aromatischen Gewürzen, Trockenfrüchten, Pistazien und Mandeln die Extravaganz der Mogul-Küche herauf und dies mit viel weniger Zeitaufwand als z. B. ein Biryani.

Die eigentlichen Stars indischer Mahlzeiten sind jedoch die Chutneys mit ihrer unglaublichen Aromafülle. Chutney ist eine Anglisierung des Hindi-Worts „Chatni", das eine frisch zubereitete Würzbeilage bezeichnet. Chutneys können aus rohem oder gekochtem

Mango-Chutney ist ein Relikt der britischen Kolonialzeit.

Obst und Gemüse bestehen und viele weitere Zutaten, wie Kokosnuss, Kräuter, Samen, Gewürze, Hülsenfrüchte und Ähnliches enthalten. Mango-Chutney, ein weltbekannter Klassiker, ist ein Relikt der britischen Kolonialzeit. Als die Kolonialbeamten mit ihren Familien nach Großbritannien zurückkehrten und ihnen das Essen dort zu fad erschien, entwickelte sich ein Markt für kommerziell hergestelltes Mango-Chutney, das von Indien nach Großbritannien verschifft wurde. Eine frische, leichte Version zum Selbstmachen finden Sie auf Seite 248.

Weitere Chutney-Rezepte in diesem Kapitel sind z. B. Kokos-Sambal (s. S. 247), das von etwas gröberer Konsistenz ist, frisch-würziges Koriander-Chutney (s. S. 245) mit Ingwer und Chili, scharfes Chili-Zwiebel-Chutney (s. S. 246) und ein erfrischendes Raita (s. S. 244); die beiden Letzteren passen besonders gut zu allen Tandoori-Rezepten.

Folgende Doppelseite *Im Reisanbau dominiert immer noch die Handarbeit, und die Reisfelder benötigen fast täglicher Pflege.*

Fruchtiger Pilaw

Shahi Mewa Pullao

Dieses Reisgericht ist nicht nur ein besonderer Genuss für den Gaumen, sondern zugleich auch eine Augenweide. Das farbenfrohe Gericht nach Art der Mogul-Küche ist für vegetarische Festessen bestens geeignet und wird im Norden vor allem in den Wintermonaten, in denen frisches Obst Mangelware ist, sehr gern verzehrt. Zu besonders festlichen Gelegenheiten serviert man es nicht wie sonst mit Chapatis (s. S. 236), sondern mit Parathas (s. S. 239).

FÜR 4–6 PERSONEN

225 g Basmatireis
450 ml Wasser
1/2 TL Safranfäden
1 TL Salz
30 g Ghee (s. S. 253) oder 2 EL Pflanzen- oder Erdnussöl
60 g Mandeln, abgezogen
1 Zwiebel, in feinen Ringen
1 Zimtstange, einmal durchgebrochen
Samen aus 4 grünen Kardamomkapseln
1 TL Kreuzkümmelsamen
1 TL schwarze Pfefferkörner, grob zerstoßen
2 Lorbeerblätter
3 EL getrocknete, fein gehackte Mango
3 EL getrocknete, fein gehackte Aprikosen
2 EL Sultaninen
60 g Pistazien, gehackt

1 Den Basmatireis unter fließend kaltem Wasser waschen, bis das Wasser klar bleibt. Mit Wasser bedeckt 30 Minuten einweichen. Abgießen und bis zum Kochen beiseite stellen.

2 Das Wasser in einem kleinen Topf zum Kochen bringen. Safranfäden und Salz zugeben, den Topf vom Herd nehmen und zum Ziehen beiseite stellen.

3 Das Ghee in einem großen Schmortopf mit dicht schließendem Deckel bei mittlerer Hitze zerlassen. Die Mandeln zugeben und unter Rühren leicht anbräunen, dann sofort mit einem Schaumlöffel aus dem Topf nehmen.

4 Die Zwiebel in den Schmortopf geben und unter häufigem Rühren 5–8 Minuten andünsten, bis sie goldgelb, aber nicht gebräunt ist. Gewürze und Lorbeerblätter zugeben und ca. 30 Sekunden mitdünsten.

5 Den Reis in den Schmortopf geben und kurz mitdünsten, bis die Reiskörner mit Ghee überzogen sind. Das Safranwasser zugießen und zum Kochen bringen. Die Hitze auf niedrigste Stufe reduzieren, das Trockenobst untermengen und den Deckel auflegen. 8–10 Minuten köcheln, ohne den Deckel zu öffnen, bis der Reis gar und die gesamte Flüssigkeit aufgesogen ist.

6 Den Topf vom Herd nehmen. Mandeln und Pistazien mit 2 Gabeln unter den Reis heben. Alles nochmals abschmecken, den Topf mit dem Deckel verschließen und den Reis 5 Minuten ruhen lassen.*

**Tipp*

Falls dieses oder eines der weiteren Reisgerichte fertig wird, bevor Sie es servieren möchten, ein sauberes Geschirrtuch zwischen Reis und Deckel legen. So können Sie den Reis nach Schritt 6 bis zu 20 Minuten stehen lassen: Das Tuch nimmt die Feuchtigkeit auf und sorgt so dafür, dass der Reis locker bleibt.

Zitronenreis
Nimbu Bhaat

Dieses in Südindien sehr populäre Rezept passt ausgezeichnet zu vielen Fischgerichten, aber auch zu würzigen Fleischgerichten wie Lamm mit Blumenkohl (s. S. 141) oder Marathani-Lammhaxen (s. S. 142).

FÜR 4–6 PERSONEN

225 g Basmatireis
30 g Ghee (s. S. 253) oder 2 EL Pflanzen- oder Erdnussöl
1 TL Schwarzkümmelsamen
450 ml Wasser
fein abgeriebene Schale und Saft von 1 großen Zitrone
1 1/2 TL Salz
1/4 TL gemahlene Kurkuma

1 Den Basmatireis unter fließend kaltem Wasser waschen, bis das Wasser klar bleibt. Mit Wasser bedeckt 30 Minuten einweichen. Abgießen und beiseite stellen.

2 Das Ghee in einem großen Schmortopf mit dicht schließendem Deckel bei mittlerer Hitze zerlassen. Reis und Schwarzkümmelsamen zugeben und kurz rühren, bis die Reiskörner mit Ghee überzogen sind. Das Wasser zugießen und zum Kochen bringen.

3 Die Hitze auf niedrigste Stufe reduzieren, die Hälfte des Zitronensafts sowie Salz und Kurkuma unterrühren und den Deckel auflegen. 8–10 Minuten köcheln, ohne den Deckel zu öffnen, bis der Reis gar und die gesamte Flüssigkeit aufgesogen ist.

4 Den Topf vom Herd nehmen. Die Zitronenschale und den übrigen Zitronensaft mit 2 Gabeln unter den Reis mischen. Alles nochmals abschmecken. Den Deckel auflegen und den Reis 5 Minuten ziehen lassen.*

**Tipp*

Dieser Zitronenreis schmeckt auch mit Cashewkernen angereichert sehr lecker: In Schritt 2 nach Zerlassen des Ghee 60 g Cashewkerne zugeben und ca. 30 Sekunden unter Rühren leicht anbräunen, dann sofort mit einem Schaumlöffel aus dem Topf nehmen, damit sie nicht anbrennen. Zusammen mit dem Reis und dem Schwarzkümmel 1 Teelöffel Bockshornkleesamen zugeben, dann fortfahren wie oben beschrieben. Die Cashewkerne in Schritt 4 mit Zitronenschale und -saft untermengen. Den Reis mit frischer Minze garniert servieren.

Die Zahl der Autos in Indien hat in letzter Zeit selbst außerhalb der Großstädte rasant zugenommen.

Kokosreis
Thengai Sadam

Die Kokosnuss, die als „Frucht der Götter" gilt, spielt nicht nur in der südindischen Küche eine wichtige Rolle, sondern auch in vielen hinduistischen Zeremonien. Sie symbolisiert ein erfülltes, reiches Leben. Daher ist der Kokosreis eine beliebte Reisbeilage für festliche Anlässe.

FÜR 4–6 PERSONEN

225 g Basmatireis
450 ml Wasser
60 g Kokoscreme
2 EL Senföl*
1 1/2 TL Salz

1 Den Basmatireis unter fließend kaltem Wasser waschen, bis das Wasser klar bleibt. Mit Wasser bedeckt 30 Minuten einweichen. Abgießen und beiseite stellen.

2 Das Wasser in einem kleinen Topf zum Kochen bringen, die Kokoscreme zugeben und so lange rühren, bis sie gut aufgelöst ist. Vom Herd nehmen und beiseite stellen.

3 Das Senföl in einem großen Schmortopf mit Deckel auf hoher Stufe erhitzen, bis es zu rauchen beginnt. Den Topf vom Herd nehmen und das Senföl vollständig abkühlen lassen.

4 Das Senföl auf mittlerer Stufe erneut erhitzen. Den Reis zugeben und kurz rühren, bis alle Reiskörner mit Öl überzogen sind. Das Kokoswasser zugießen und zum Kochen bringen.

5 Die Hitze auf niedrigste Stufe reduzieren, das Salz unterrühren und den Deckel auflegen. Den Reis 8–10 Minuten köcheln, ohne den Deckel zu öffnen, bis der Reis gar und die gesamte Flüssigkeit aufgesogen ist.

6 Den Topf vom Herd nehmen. Den Reis mit 2 Gabeln auflockern und gegebenenfalls nochmals abschmecken. Den Deckel auflegen und den Reis 5 Minuten ziehen lassen.

Tipp

Das Senföl wird in Schritt 3 einmal stark erhitzt und dann wieder abgekühlt, um seine Schärfe etwas zu mildern. Wenn Sie stattdessen Pflanzen- oder Erdnussöl verwenden, können Sie diesen Schritt weglassen.

Gewürze, die wichtigsten Zutaten der indischen Küche, kauft man lose auf dem örtlichen Markt.

Gewürzter Basmatireis

Chaunke hue Chawal

Dieses raffiniert gewürzte Reisgericht aus Rajasthan erfreut sich seit den Tagen der Mogul-Herrschaft unveränderter Beliebtheit. Es passt besonders gut zu allen Lammrezepten.

FÜR 4–6 PERSONEN

225 g Basmatireis

30 g Ghee (s. S. 253) oder 2 EL Pflanzen- oder Erdnussöl

5 grüne Kardamomkapseln, leicht zerstoßen

5 Gewürznelken

2 Lorbeerblätter

1/2 Zimtstange

1 TL Fenchelsamen

1/2 TL schwarze Senfsamen

450 ml Wasser

1 1/2 TL Salz

2 EL frisch gehackter Koriander

Pfeffer

1 Den Basmatireis unter fließend kaltem Wasser waschen, bis das Wasser klar bleibt. Mit Wasser bedeckt 30 Minuten einweichen. Abgießen und beiseite stellen.

2 Das Ghee in einem großen Schmortopf mit dicht schließendem Deckel bei mittlerer Hitze zerlassen. Die Gewürze zugeben und alles 30 Sekunden rühren. Den Reis zugeben und kurz mitrühren, bis die Reiskörner mit Ghee überzogen sind. Wasser und Salz zugeben und zum Kochen bringen.

3 Die Hitze auf niedrigste Stufe reduzieren und den Deckel auflegen. Den Reis 8–10 Minuten köcheln, ohne den Deckel zu öffnen, bis er gar ist und die gesamte Flüssigkeit aufgesogen hat.

4 Den Topf vom Herd nehmen. Den Koriander mit 2 Gabeln unter den Reis heben, diesen nochmals abschmecken und mit Pfeffer würzen. Den Deckel auflegen und den Reis 5 Minuten ziehen lassen.*

**Tipp*

Falls Sie den Reis zusätzlich mit Safran würzen und färben möchten, 1 Teelöffel Safranfäden in einer Pfanne ohne Fett bei mittlerer Hitze unter Rühren anrösten, bis sie zu duften beginnen, dann sofort aus der Pfanne schütten. Die 450 ml Wasser zum Kochen bringen, Safranfäden und Salz unterrühren und das Wasser zum Ziehen beiseite stellen. Das Safranwasser in Schritt 2 zugießen und so fortfahren wie beschrieben.

Die weitläufigen Binnengewässer Indiens sind wichtige Transportwege für Lebensmittel und andere Güter.

Naan
Naan

Diese mit Treibmittel zubereiteten Brotfladen werden in Indien seit der Zeit der Mogul-Herrscher gebacken – traditionell, indem man die ausgerollten Teigstücke an die heiße Innenwand eines mit Holzkohle befeuerten Tandoor-Ofens drückt. Man kann Naan aber auch in einem gewöhnlichen Backofen backen. Dieses Rezept ist speziell für den Backofen entwickelt. Wichtig ist, dass Sie den Backofen und das Backblech lange genug auf der höchsten Temperaturstufe vorheizen.

ERGIBT 10 STÜCK

900 g Mehl
3 TL Backpulver
1 TL Zucker
1 TL Salz
300 ml Wasser, auf 50 °C erwärmt
1 Ei, verquirlt
60 g Ghee (s. S. 253), zerlassen, plus zusätzliches Ghee zum Ausrollen und Bestreichen

1 Mehl, Backpulver, Zucker und Salz in eine große Rührschüssel sieben und eine Mulde in die Mitte drücken. Das Wasser und das Ei gründlich miteinander verquirlen.

2 Die Wasser-Ei-Mischung nach und nach in die Mulde im Mehl geben und mit den Fingern in das Mehl einarbeiten, bis ein schwerer, fester Teig entsteht. Den Teig zu einer Kugel formen und zurück in die Schüssel geben.

3 Ein sauberes Geschirrtuch in heißes Wasser eintauchen, auswringen, über die Schüssel legen und die Enden des Tuchs unter die Schüssel einschlagen. Den Teig 30 Minuten ruhen lassen.

4 Die Teigkugel auf eine mit etwas zerlassenem Ghee eingefettete Arbeitsfläche geben und flach drücken. Den Teig nach und nach mit dem zerlassenen Ghee beträufeln und gut durchkneten, um das Ghee portionsweise einzuarbeiten. Den Teig in 10 gleich große Portionen teilen und diese zu Kugeln formen.

5 Das Geschirrtuch erneut in heißem Wasser einweichen, auswringen und über die Teigkugeln legen. Die Teigkugeln 1 Stunde ruhen und gehen lassen.

6 Inzwischen den Backofen auf 230 °C vorheizen und 1 oder 2 Backbleche in den Ofen schieben.

7 Die Teigkugeln mit einem leicht gefetteten Nudelholz zu ovalen, ca. 3 mm dicken Fladen ausrollen. Die heißen Backbleche mit etwas Ghee einfetten. Die Fladen auf die Backbleche legen und ca. 5–6 Minuten backen, bis sie leicht aufgegangen und goldbraun sind. Die Naan-Fladen aus dem Ofen nehmen, mit etwas zerlassenem Ghee bestreichen und sofort servieren.*

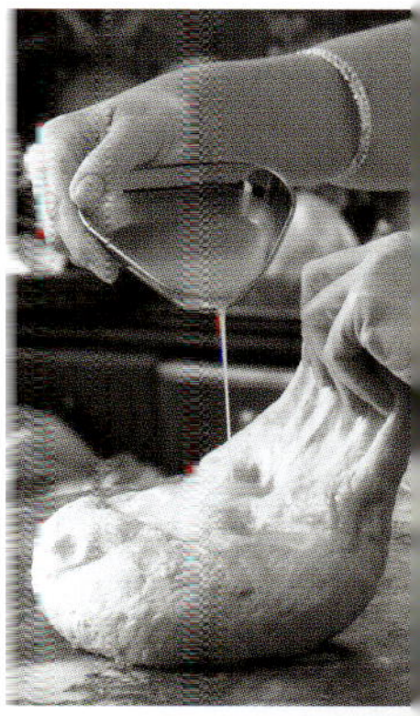

**Tipp*

Eine köstliche Variation ist Naan mit Knoblauch und Schwarzkümmel: Die Teigfladen unmittelbar vor dem Backen mit 3 in sehr feine Scheibchen geschnittenen Knoblauchzehen und 2 Esslöffeln Schwarzkümmelsamen bestreuen. Besonders raffiniert ist Koriander-Naan: Nachdem das Ghee in Schritt 4 untergeknetet ist, 60 g frisch gehackten Koriander unter den Teig kneten.

Chapati
Chapati

Dies ist das tägliche Brot für Millionen Inder – von den Allerreichsten bis zu den Allerärmsten. Mit seiner weichen, formbaren Konsistenz ist es ideal, um Saucen zu dippen oder mundgerechte Happen von einem Gericht zu nehmen. Dadurch werden Messer und Gabel überflüssig. Traditionell werden die flachen Chapatis aus Atta gebacken, einem speziellen Weizenvollkornmehl, das man in indischen Lebensmittelläden bekommt. Sie können aber auch normales Vollkornmehl nehmen, aus dem vor der Teigbereitung die groben Kleieanteile herausgesiebt werden sollten. Indische Köche, die diese Chapatis mit großem Geschick laufend frisch zubereiten und servieren, rollen den Teig mit einem kurzen Nudelholz aus, das in der Mitte dicker ist als an den Enden, und backen die Fladen auf einer flachen, gusseisernen Platte, der Tawa. In einer normalen Bratpfanne gelingen sie aber ebenso gut.

ERGIBT 6 STÜCK

225 g Vollkornmehl, gesiebt, plus etwas mehr zum Bestäuben
1/2 TL Salz
150–200 ml Wasser
zerlassenes Ghee (s. S. 253), zum Bestreichen

1 Mehl und Salz in einer großen Schüssel mischen und eine Mulde in die Mitte drücken. Nach und nach so viel Wasser unterrühren, dass ein fester Teig entsteht.

2 Den Teig auf eine leicht bemehlte Arbeitsfläche geben und 10 Minuten durchkneten, bis er glatt und geschmeidig ist. Den Teig zu einer Kugel formen, in eine saubere Schüssel geben, mit einem feuchten Geschirrtuch abdecken und 20 Minuten ruhen lassen.

3 Den Teig in 6 gleiche Portionen teilen. Diese mit leicht bemehlten Händen zu Kugeln formen. Eine große Tawa, Brat- oder Crêpepfanne ohne Fett auf hoher Stufe erhitzen, bis ein Wassertropfen auf der heißen Fläche „tanzt".

4 Eine Teigkugel zwischen den Händen flach drücken und auf einer leicht bemehlten Arbeitsfläche zu einem Fladen von ca. 18 cm Durchmesser ausrollen. Den Fladen in die heiße Pfanne legen, so lange backen, bis sich braune Flecken auf der Unterseite bilden, wenden und von der anderen Seite backen.*

5 Den Fladen erneut wenden und seinen Rand mit einem zusammengelegten Geschirrtuch rundum auf den Pfannenboden drücken. Dadurch wird der Dampf im Teig verteilt, und die Fladen blähen etwas auf. So lange backen, bis die Unterseite goldbraun ist, dann wenden und den Schritt von der anderen Seite wiederholen.

6 Den Chapati mit etwas zerlassenem Ghee bestreichen und servieren. Den Vorgang mit dem übrigen Teig wiederholen. Chapatis werden am besten direkt aus der Pfanne serviert, können aber gegebenenfalls bis zu 20 Minuten in Alufolie warm gehalten werden.

**Tipp*

Die Chapatis nicht häufiger wenden als oben beschrieben, sonst gehen sie nicht richtig auf und werden zu schwer. Indische Köche wenden die Fladen mit den Fingern, da die Fladen aber sehr heiß sind, sollten Sie einen Pfannenwender oder eine Küchenzange nehmen.

Paratha
Paratha

Diese mehrfach gefalteten und in Fett gebackenen Brotfladen von blätterteigähnlicher Konsistenz werden bei besonderen Anlässen und religiösen Feiern gereicht. Als alltägliche Kost sind sie zu gehaltvoll – es sei denn, man macht sich um seine Figur überhaupt keine Gedanken! Parathas mit cremigem Joghurt sind ein festliches Frühstück nach indischer Art.

ERGIBT 8 STÜCK

225 g Vollkornmehl, gesiebt, plus etwas mehr zum Bestäuben

1/2 TL Salz

150–200 ml Wasser

150 g Ghee (s. S. 253), zerlassen

1 Mehl und Salz in einer großen Schüssel mischen und eine Mulde in die Mitte drücken. Nach und nach so viel Wasser unterrühren, dass ein fester Teig entsteht.

2 Den Teig auf eine leicht bemehlte Arbeitsfläche geben und 10 Minuten durchkneten, bis er glatt und geschmeidig ist. Den Teig zu einer Kugel formen, in eine saubere Schüssel geben, mit einem feuchten Geschirrtuch abdecken und 20 Minuten ruhen lassen.

3 Den Teig in 8 gleiche Portionen teilen und diese mit leicht bemehlten Händen zu Kugeln formen.

4 Eine Teigkugel auf einer leicht bemehlten Arbeitsfläche zu einem sehr dünnen Fladen von ca. 13 cm Durchmesser ausrollen. Die Oberseite des Teigfladens mit ca. 1 1/2 Teelöffeln zerlassenem Ghee bestreichen. Den Teigfladen in der Mitte falten und den Halbkreis wiederum mit zerlassenem Ghee bestreichen, dann nochmals falten, sodass ein Dreieck entsteht. Die Lagen fest aufeinander drücken.

Kopfbedeckungen schützen nicht nur vor Hitze und Kälte, sondern sind auch Symbol für Religion, Herkunft oder sozialen Status.

5 Das Dreieck auf einer leicht bemehlten Arbeitsfläche zu einem größeren Dreieck von ca. 18 cm Kantenlänge ausrollen. Das Teigdreieck ein paar Mal zwischen den Händen hin- und herwerfen, dann mit einem feuchten Tuch abdecken und so fortfahren, bis alle 8 Teigdreiecke ausgerollt sind.

6 Eine große Tawa, Brat- oder Crêpepfanne ohne Fett stark erhitzen, bis ein Wassertropfen auf der heißen Platte zu „tanzen" beginnt. Einen dreieckigen Paratha-Fladen in die Pfanne geben und so lange backen, bis er an der Oberseite Blasen wirft.

7 Den Paratha-Fladen mit der Küchenzange wenden und die Oberseite mit zerlassenem Ghee bestreichen. Den Fladen so lange backen, bis die Unterseite goldbraun ist, dann wenden und nochmals mit zerlassenem Ghee bestreichen. Den Fladen mit einem Holzlöffel oder Pfannenwender auf den Pfannenboden drücken, damit er gleichmäßig bräunt.

8 Nochmals mit Ghee bestreichen und servieren, dann die übrigen Parathas backen. Parathas werden am besten direkt aus der Pfanne serviert, können aber in Alufolie bis zu 20 Minuten warm gehalten werden.

Puri
Puri

Diese frittierten Brote, die sich im heißen Öl ballonartig aufblähen, passen ausgezeichnet zu vielen Currygerichten, ob mit oder ohne Fleisch. Außerdem werden sie traditionell als Beilage zu Shrikhand mit Granatapfel (s. S. 207) gereicht. Vor allem zu hinduistischen Hochzeiten und anderen speziellen Anlässen wird dieses knusprige Brot in großen Mengen zubereitet.

ERGIBT 12 STÜCK*

225 g Vollkornmehl, gesiebt, plus etwas mehr zum Bestäuben

1/2 Teelöffel Salz

30 g Ghee (s. S. 253), zerlassen

100–150 ml Wasser

Pflanzen- oder Erdnussöl, zum Frittieren

1 Mehl und Salz in eine Schüssel geben und mit dem Ghee beträufeln. Nach und nach so viel Wasser unterrühren, dass ein fester Teig entsteht.

2 Den Teig auf eine leicht bemehlte Arbeitsfläche geben und 10 Minuten durchkneten, bis er glatt und geschmeidig ist. Den Teig zu einer Kugel formen, in eine saubere Schüssel geben, mit einem feuchten Geschirrtuch abdecken und 20 Minuten ruhen lassen.

3 Den Teig in 12 gleiche Portionen teilen und diese zu Kugeln formen. Eine Teigkugel zwischen den Händen flach drücken, dann auf einer leicht bemehlten Arbeitsfläche zu einem Fladen von ca. 13 cm Durchmesser ausrollen. Alle Teigkugeln so ausrollen.

4 Mindestens 7 cm Öl in einem Kadhai, einem Wok, einer Fritteuse oder einer großen, tiefen Pfanne auf 180 °C erhitzen (ein Brotwürfel bräunt darin in 30 Sekunden). Einen Fladen ins heiße Öl geben und ca. 10 Sekunden frittieren, bis er sich aufbläht. Den Fladen mit einer Küchenzange wenden und etwas heißes Öl über die Oberseite löffeln.

5 Den Fladen mit einer Küchenzange aus dem Öl nehmen; überschüssiges Öl in die Pfanne abtropfen lassen. Den Fladen kurz auf Küchenpapier entfetten und dann sofort servieren. So fortfahren, bis alle Puris frittiert sind, dabei bei Bedarf das Öl zwischendurch wieder auf die richtige Temperatur bringen.

**Tipp*

Zubereitung von Mini-Puris für Bhel Puri (s. S. 44): Den Teig wie in Schritt 3 ausrollen und dann mit einer leicht gefetteten Ausstechform kleine Fladen von 4 cm Durchmesser ausstechen.

Überall in Indien bieten fliegende Händler ihre Waren oder Dienstleistungen auf der Straße an.

Dosa

Dosa

Diese dünnen, knusprigen Pfannkuchen werden in Südindien mit Koriander-Chutney (s. S. 245) oder Kokos-Sambal (s. S. 247) als Snacks oder auch mit würziger Kartoffelfüllung als Dosa Masala (s. S. 84) zum Frühstück verzehrt. Da Dosas in Ghee gebacken werden, haben sie einen herzhaft butterigen Geschmack. Ein erfahrener Dosa-Bäcker kann diese Pfannkuchen mühelos auf der heißen Tawa-Pfanne jonglieren, doch Anfänger sollten die Zubereitung am besten erst einmal mit einer Portion Teig üben und keinesfalls versuchen, eine Dosa zu wenden, bevor die Unterseite knusprig braun ist. Verwenden Sie die größte und flachste Pfanne, die Sie haben. Ideal ist eine Crêpepfanne, aber Sie können auch eine normale Bratpfanne nehmen. In Indien bekommt man Dosas von bis zu 40 cm Durchmesser, doch die nach diesen Rezept zubereiteten Pfannkuchen sind besser handhabbar. Denken Sie daran, die Zutaten für den Teig schon am Vortag anzusetzen, weil sie über Nacht einweichen müssen.

ERGIBT ca. 8 STÜCK
120 g Basmatireis, abgespült
70 g halbierte schwarze Linsen (Urid Daal Chilke)
1/4 TL Bockshornkleesamen
Salz
30 g Ghee (s. S. 253), zerlassen

1 Einen Topf mit gesalzenem Wasser zum Kochen bringen. Den Basmatireis zugeben, 5 Minuten kochen und abgießen. Reis, Linsen und Bockshornklee in einer Schüssel mit Wasser bedecken und über Nacht einweichen.

2 Am nächsten Tag Reis und Linsen in ein Sieb abgießen; das Einweichwasser aufbewahren. Reis und Linsen in einer Küchenmaschine mit 75 ml des Einweichwassers zu feinem Brei verarbeiten. Nach und nach noch 75 ml des Einweichwassers zugeben.

3 Ein Geschirrtuch in heißes Wasser eintauchen, auswringen und über die Schüssel mit dem Teig legen. Diesen an einem warmen Ort 5–6 Stunden gären lassen, bis sich auf der Oberfläche kleine Bläschen bilden.

4 Die Teigmischung durchrühren und so viel Wasser zugeben, dass sie die Konsistenz flüssiger Sahne annimmt. Mit Salz abschmecken.

5 Eine große Pfanne so stark erhitzen, dass ein Wassertropfen auf der heißen Fläche zu „tanzen" beginnt. Die heiße Pfanne mit zerlassenem Ghee einfetten. Einen Schöpflöffel Teig in die Mitte der Pfanne geben und den Teig mit der Unterseite des Löffels in konzentrischen Kreisen möglichst dünn verteilen. Den Pfannkuchen ca. 2 Minuten backen, bis die Unterseite knusprig goldbraun ist.

6 Den Pfannkuchen wenden* und von der anderen Seite weitere 2 Minuten backen. Aus der Pfanne nehmen und gegebenenfalls warm stellen, um ihn später zu füllen, oder abkühlen lassen. So fortfahren, bis der ganze Teig aufgebraucht ist.

**Tipp*

Dosas sehen zwar ein bisschen wie Crêpes aus, werden aber anders gebacken. Um die Dosa in Schritt 6 zu wenden, müssen Sie einen dünnen Metallspachtel darunter schieben und sie vom Pfannenboden lösen.

Raita
Raita

Diese alltägliche Beilage wird zu fast jedem würzigen Gericht serviert, und ihre Variationsmöglichkeiten sind praktisch unbegrenzt (s. Tipps S. 244–246). Die Kombination von cremigem Joghurt und erfrischender Gurke hilft, die Schärfe pikanter Gerichte zu mildern.

FÜR 4–6 PERSONEN

1 großes Stück Gurke von ca. 300 g

1 TL Salz

400 g Naturjoghurt

1/2 TL Zucker

1 Prise gemahlener Kreuzkümmel

2 EL frisch gehackte Koriander- oder Minzeblätter

Chilipulver, zum Bestreuen

1 Ein sauberes Geschirrtuch flach auf einer Arbeitsfläche ausbreiten. Die ungeschälte Gurke auf das Geschirrtuch raspeln. 1/2 Teelöffel Salz darüber streuen, die Gurkenraspel fest in das Tuch einschlagen und alle überschüssige Feuchtigkeit ausdrücken.

2 Den Joghurt in eine Schüssel geben. Das restliche Salz zusammen mit dem Zucker und dem Kreuzkümmel unterrühren. Die Gurke untermengen. Das Raita nochmals abschmecken, dann abdecken und bis zum Servieren kalt stellen.

3 Den gehackten Koriander unterrühren und das Raita in eine Servierschüssel umfüllen. Mit Chilipulver bestreuen und servieren.*

**Tipp*

Als Variationsmöglichkeit können Sie zusammen mit dem Koriander bzw. der Minze 2 entkernte, fein gehackte Tomaten oder 4 fein gehackte Frühlingszwiebeln untermengen. Sie können das Raita auch nach Belieben mit gemahlenem Koriander oder Ingwer würzen. Um ein Bananen-Raita zuzubereiten, 3 Bananen in Scheiben schneiden und unter den Joghurt heben, dann 2 entkernte und gehackte grüne Chillies und 1 Esslöffel Garam masala unterrühren. Nach Belieben noch etwas Zitronenschale und -saft zugeben. Abdecken und bis zum Servieren kalt stellen; unmittelbar vor dem Servieren den frisch gehackten Koriander bzw. die Minze unterrühren.

Koriander-Chutney
Hare Dhaniye ki Chutney

Dies ist eines der erfrischenden Chutneys aus rohen Zutaten, wie sie in Kerala schon zum Frühstück, aber auch zu allen anderen Mahlzeiten oder Snacks gereicht werden. Hellgrüner Koriander, frische Kokosnuss und scharfe Chili verkörpern die typischen Aromen der Region.

ERGIBT ca. 250 g

1 1/2 EL Zitronensaft
1 1/2 EL Wasser
80 g frische Korianderblätter und -stängel, grob gehackt
2 EL frisch gehackte Kokosnuss
1 kleine Schalotte, sehr fein gehackt
1-cm-Stück frische Ingwerwurzel, gehackt
1 frische grüne Chili, entkernt und gehackt
1/2 TL Zucker
1/2 TL Salz
1 Prise Pfeffer

1 Zitronensaft und Wasser in einer kleinen Küchenmaschine mit der Hälfte des Korianders pürieren. Nach und nach den übrigen Koriander zugeben und mitpürieren. Falls keine geeignete Küchenmaschine zur Verfügung steht, kann der Koriander auch portionsweise im Mörser zerkleinert werden.

2 Die übrigen Zutaten zugeben und mitzerkleinern, bis alles gut vermengt ist. Das Chutney abschmecken. In eine Schüssel geben, abdecken und bis zum Servieren kalt stellen. Das Chutney hält sich im Kühlschrank bis zu 3 Tage.*

Tipp

Für ein Koriander-Raita: 300 g Naturjoghurt unter das Chutney rühren und das Ganze vor dem Servieren mindestens 1 Stunde kalt stellen. Unmittelbar vor dem Servieren mit reichlich frisch gehacktem Koriander garnieren.

Chili-Zwiebel-Chutney

Mirch aur Pyaaz ki Chutney

Ein frisches Chutney für alle, die es richtig scharf und würzig mögen. Seine beißende Schärfe kann Ihnen die Tränen in die Augen treiben, falls Sie die Chillies nicht entkernen. Es passt als Beilage gut zu Tandoori-Huhn (s. S. 156) oder Hähnchen-Tikka-Masala (s. S. 161). In Gujarat genießt man es – mit den Chilikernen – zu allen Mahlzeiten und als sommerlichen Snack auf Papadam-Fladen oder Puris (s. S. 240).

ERGIBT ca. 250 g

1–2 frische grüne Chillies (nach Belieben entkernt), fein gehackt
1 kleine frische Vogelaugen-Chili (nach Belieben entkernt), fein gehackt
1 EL Weißwein- oder Apfelessig
2 Zwiebeln, fein gehackt
2 EL frisch gepresster Zitronensaft
1 EL Zucker
3 EL frisch gehackte Koriander-, Minze- oder Petersilienblätter bzw. gemischte Kräuter
Salz
1 rote Chili, von der Spitze zum Ansatz mehrfach aufgeschnitten und aufgefächert, zum Garnieren

1 Die Chillies mit dem Essig in eine kleine Schüssel geben, gut verrühren und dann abgießen. Die Chillies zurück in die Schüssel geben, Zwiebeln, Zitronensaft, Zucker und Kräuter unterrühren, mit Salz abschmecken.

2 Das Chutney 15 Minuten bei Zimmertemperatur durchziehen lassen oder abdecken und kalt stellen. Vor dem Servieren mit der aufgeschnittenen Chili garnieren.*

**Tipp*

Zur Zubereitung einer Chili-Zwiebel-Raita 300 g Naturjoghurt unter das Chutney mengen und dieses mindestens 1 Stunde kalt stellen. Vor dem Servieren durchrühren und mit frischen Kräutern bestreuen.

Kokos-Sambal

Nariyal Sambal

An den Backwaters von Kerala gedeihen Kokospalmen in Hülle und Fülle, und knackig-frische Kokos-Chutneys wie dieses bekommt man zu vielen Mahlzeiten. Sie können es auf Papadam-Fladen als Snack oder auch als Beilage zu gegrillten Meeresfrüchten reichen. In Kerala und Tamil Nadu reicht man es gern zu knusprigen Dosas (s. S. 243).

ERGIBT ca. 150 g

1/2 frische Kokosnuss (ca. 115 g Kokosfleisch) oder 125 g getrocknete Kokosflocken
2 frische grüne Chillies (nach Belieben entkernt), gehackt
2,5-cm-Stück frische Ingwerwurzel, geschält und fein gehackt
4 EL frisch gehackter Koriander
2 EL Zitronensaft (nach Belieben)
2 Schalotten, sehr fein gehackt

1 Mit Hammer und Nagel ein Loch in ein „Auge" der Kokosnuss schlagen, die Flüssigkeit abgießen und aufbewahren. Die Kokosnuss mit dem Hammer aufschlagen, die Hälfte des Fleisches herauslösen und klein hacken.

2 Kokosnuss und Chillies in einer kleinen Küchenmaschine fein hacken. Ingwer, Koriander und Zitronensaft zugeben und mitverarbeiten.

3 Wenn das Chutney zu trocken wirkt, etwa 1 Esslöffel Kokoswasser oder Wasser untermischen. Die Schalotten unterrühren und das Chutney sofort servieren oder abdecken und kalt stellen. Es hält sich im Kühlschrank bis zu 3 Tage.*

**Tipp*

Noch pikanter schmeckt das Chutney, wenn Sie mit den Schalotten 1/2 Esslöffel schwarze Senfsamen unterrühren. Etwas gemahlener Kreuzkümmel passt ebenfalls gut dazu.

Mango-Chutney
Aam ki Chutney

Diese leichte, würzige Version ist erfrischend anders als das dickflüssige, übermäßig gezuckerte Mango-Chutney aus dem Glas. Sie bereichert jede indische Mahlzeit um das sonnige Aroma von Goa und Südindien.

ERGIBT ca. 250 g

1 große Mango von ca. 400 g, geschält, entsteint und fein gehackt
2 EL Limettensaft
1 EL Pflanzen- oder Erdnussöl
2 Schalotten, fein gehackt
1 Knoblauchzehe, fein gehackt
2 frische grüne Chillies, entkernt und in feinen Ringen
1 TL schwarze Senfsamen
1 TL Koriandersamen
5 EL Gur (s. S. 26) oder brauner Rohrzucker
5 EL Weißweinessig
1 TL Salz
1 Prise gemahlener Ingwer

1 Die Mango in einer Schüssel mit dem Limettensaft mischen und beiseite stellen.

2 Das Öl in einer großen Pfanne auf mittlerer Stufe erhitzen. Die Schalotten zugeben und 3 Minuten andünsten. Knoblauch und Chillies zugeben und weitere 2 Minuten mitrühren, bis die Schalotten glasig, aber nicht gebräunt sind. Die Senf- und Koriandersamen zugeben und mitrühren.

3 Die Mango mit Gur, Essig, Salz und Ingwer zugeben und gut unterrühren. Die Hitze auf niedrigste Stufe reduzieren und alles 10 Minuten köcheln, bis die Flüssigkeit eindickt und die Mango klebrig weich wird.

4 Vom Herd nehmen und gut abkühlen lassen. Vor Verwendung 3 Tage in einem luftdicht verschlossenen Behälter kalt stellen. Danach hält sich das Chutney im Kühlschrank noch 1 Woche.

Tamarinden-Chutney

Imli ki Chutney

Das frisch-säuerliche Aroma der Tamarinde ist unverwechselbar und verleiht vielen Gerichten aus Südindien ihre typische Geschmacksnote. Diese süß-saure Mixtur, die eigentlich eher eine Sauce als ein Chutney ist, darf in Bhel Puri (s. S. 44) und zu Gemüse-Samosas (s. S. 40) nicht fehlen. Außerdem passt sie ausgezeichnet zu gebratenem Fisch.

ERGIBT ca. 250 g

100 g gepresste Tamarinde, gehackt

450 ml Wasser

1/2 frische Vogelaugen-Chili, entkernt und gehackt

60 g brauner Zucker (nach Belieben)

1/2 TL Salz

1 Die Tamarinde mit dem Wasser in einen Schmortopf geben und bei starker Hitze zum Kochen bringen. Die Hitze auf niedrigste Stufe reduzieren und die Mischung unter gelegentlichem Rühren ca. 25 Minuten gut weich köcheln.

2 Die Tamarindenmischung in ein Sieb geben und mit einem Holzlöffel durch das Sieb in den ausgespülten Topf streichen.

3 Chili, Zucker und Salz unterrühren und alles noch ca. 10 Minuten köcheln, bis die gewünschte Konsistenz erreicht ist. Etwas abkühlen lassen und dann mit zusätzlichem Zucker bzw. Salz abschmecken.

4 Das Chutney vollständig abkühlen lassen. Gut abgedeckt kann man es bis zu 3 Tage im Kühlschrank aufbewahren oder einfrieren.

Ein Inder vor der dramatischen Hügellandschaft von Kumbalgarh

Chili-Sherry
Badi Mirchi ka Meetha Achaar

Dieses leicht herzustellende Würzmittel verleiht gegrilltem oder gebratenem Fleisch und Fisch eine besondere Würznote. Es wurde während der Kolonialzeit von Köchen der britischen Armee „erfunden" und ist noch heute auf vielen anglo-indischen Tafeln anzutreffen.

ERGIBT 300 ml

300 ml halbsüßer oder trockener Sherry

1 oder 2 frische Vogelaugen-Chillies (nach Belieben)

1 Den Sherry in ein sterilisiertes Einmachglas gießen. Die Chillies mehrfach längs einschneiden und in den Sherry geben. Das Glas luftdicht verschließen, gut schütteln und vor Verwendung mindestens 3 Tage stehen lassen. Im Kühlschrank aufbewahren und innerhalb von 1 Monat aufbrauchen.

Männer mit traditioneller Kopfbedeckung

Garam masala

Garam masala

„Garam" heißt „warm" und „masala" heißt „Gewürzmischung", d. h., dies ist eine Mischung aromatischer Gewürze, die den Körper von innen erwärmen. Anders als viele andere Gewürze und Masalas wird Garam masala meist erst gegen Ende der Garzeit zugegeben, um einem Gericht pikanten Wohlgeschmack zu verleihen. Man kann es in großen Supermärkten oder asiatischen Lebensmittelläden fertig kaufen, aber wenn man öfter indisch kocht, lohnt es sich, es selbst anzumischen. Nehmen Sie dieses Rezept als Grundlage, und experimentieren Sie mit den Mengen, um Ihre persönliche Lieblingsmischung zu finden. Garam masala wird in kleinen Mengen verwendet, deshalb sollte man nicht zu viel auf einmal machen, da es nach einiger Zeit sein Aroma verliert. Viele indische Köche mischen es zu jeder Mahlzeit frisch an.

ERGIBT ca. 6 ESSLÖFFEL

2 Lorbeerblätter, zerbröselt
2 Zimtstangen, halbiert
Samen aus 8 grünen Kardamomkapseln
2 EL Kreuzkümmelsamen
1 1/2 EL Koriandersamen
1 1/2 TL schwarze Pfefferkörner
1 TL Gewürznelken
1/4 TL gemahlene Gewürznelken

1 Eine Pfanne ohne Fett auf hoher Stufe erhitzen, bis ein Wassertropfen auf der heißen Platte zu „tanzen" beginnt. Die Hitze auf mittlere Stufe reduzieren, Lorbeer, Zimt, Kardamom, Kreuzkümmel, Koriander, Pfeffer und ganze Gewürznelken zugeben und unter Rühren anrösten, bis die Kreuzkümmelsamen bräunen und die Gewürze zu duften beginnen.

2 Gewürze aus der Pfanne nehmen, abkühlen lassen und dann in einer Gewürzmühle* oder einem Mörser fein zermahlen. Gemahlene Gewürznelken unterrühren. Garam masala hält sich im luftdicht verschlossenen Behälter bis zu 2 Monate.

*Tipp

Falls Sie keine Gewürzmühle haben, mit der Sie ausschließlich Gewürze mahlen, können Sie auch eine Kaffee- oder andere Mühle verwenden. Verarbeiten Sie nach dem Mahlen der Gewürze ein paar Stücke Weißbrot in der Mühle. Das Brot absorbiert den größten Teil der Gewürzaromen.

Paneer
Paneer

Für Millionen indischer Vegetarier ist dieser feste weiße Frischkäse ein unschätzbarer Eiweißlieferant. Er hat wenig Eigengeschmack, nimmt aber ähnlich wie Tofu die Aromen anderer Zutaten, mit denen er zubereitet wird, sehr gut an. Außer in Südindien wird Paneer im ganzen Land als Zutat für viele herzhafte und süße Gerichte verwendet. Oft wird er mit Hülsenfrüchten und Gemüse kombiniert. Dank seiner festen Konsistenz lässt er sich auch gut grillen oder braten.

ERGIBT ca. 350 g

2,2 l Milch

6 EL Zitronensaft

1 Die Milch in einen großen, schweren Topf gießen und bei starker Hitze zum Kochen bringen. Den Topf vom Herd nehmen und den Zitronensaft unterrühren. Den Topf zurück auf den Herd stellen und die Milch noch eine Minute unter Rühren kochen, bis sich die Käsemasse von der Molke trennt und die Flüssigkeit klar wird.

2 Den Topf vom Herd nehmen und ca. 1 Stunde stehen lassen, bis die Molke vollständig abgekühlt ist. Inzwischen ein Sieb auf eine Schüssel setzen und mit einem großen Stück Musselin auslegen, das bis über den Rand hängt.

3 Die Käsemasse mit der Molke* in den Musselin gießen, die Enden des Stoffs zusammendrehen und alle überschüssige Flüssigkeit aus dem Käse pressen.

4 Den Musselin mit Bindfaden gut verschnüren, sodass der Käse darin eine feste Kugel bildet. Die Käsekugel in eine große Schüssel legen und einen Teller auf den Käse setzen. Den Teller mit einer großen Dose Bohnen oder Tomaten beschweren und das Ganze mindestens 12 Stunden in den Kühlschrank stellen. Danach ist der Paneer zu einer schnittfesten Masse gepresst. Er hält sich im Kühlschrank bis zu 3 Tage.

**Tipp*

Die bei der Paneer-Herstellung anfallende Molke können Sie entweder wegschütten oder, wie indische Köche es tun würden, zum Kochwasser für Gemüse oder Linsen geben.

Ghee

Ghee

Viele indische Gerichte, vor allem solche aus dem Norden, verdanken ihr üppiges Aroma zumindest zum Teil dem Ghee, der indischen Variante des Butterschmalzes. Zu seiner Herstellung wird die Butter zunächst erhitzt, um das reine Butterfett und die festen Milchbestandteile voneinander zu trennen, dann lässt man das Ganze noch etwas köcheln, bis die milchigen Teile leicht bräunen, wodurch das Ghee ein nussiges Aroma bekommt, das es von dem normalerweise bei uns verwendeten Butterschmalz unterscheidet. Ghee wird von vielen indischen Köchen bevorzugt verwendet, weil es besonders aromatisch ist und auch bei hohen Temperaturen nicht verbrennt. Seines hohen Cholesteringehalts wegen wird es heute allerdings häufig durch pflanzliche Öle, wie z. B. Sonnenblumen- oder Erdnussöl, ersetzt. Sie können Ghee in indischen Lebensmittelläden kaufen, aber auch problemlos selbst herstellen.

ERGIBT ca. 200 g

250 g Butter

1 Die Butter in einem großen, schweren Topf bei mittlerer Hitze zerlassen und so lange köcheln, bis sich auf der Oberfläche eine Schaumschicht bildet.

2 Die Butter im offenen Topf weitere 15–20 Minuten sanft köcheln*, bis sich der Schaum absondert, die festen Milchbestandteile sich am Boden absetzen und die Flüssigkeit klar und goldgelb wird.

3 Ein Sieb mit Musselin auslegen und auf eine Schüssel stellen. Das flüssige Fett langsam durch das Sieb gießen, sodass der Bodensatz im Topf zurückbleibt. Er kann weggeschüttet werden.

4 Das Ghee abkühlen lassen, in einen Vorratsbehälter geben und kalt stellen. Sie können es bis zu 4 Wochen im Kühlschrank aufbewahren oder einfrieren.

**Tipp*

Das köchelnde Ghee in Schritt 2 gut im Auge behalten, da die festen Milchbestandteile am Topfboden rasch anbrennen können.

Register